ELOGE

DE LA PAIX.

OUVRAGE D'ELOQUENCE ET DE POLITIQUE

enrichi de Textes de l'Ecriture & de Notes histo-
riques & chronologiques touchant les dernieres
Guerres depuis 1700.

Dédié à l'Académie Françoise.

Par M. l'Abbé DE LA BAUME.

Prix. Deux livres.

A PARIS,

Chez ROLLIN fils, Libraire, Quai des Augustins, à
Saint Athanase.

M. DCC. XXXVI.

AVEC APPROBATION ET PRIVILEGE DU ROY.

EC. PLURI   IMPAR

S. Thomassin Sculptor Regius

A MESSIEURS
DE L'ACADEMIE
FRANÇOISE.

MESSIEURS,

L'hommage que je vous fais aujourd'hui en
vous présentant l'Eloge de la Paix, est un

ã ij

hommage que je rends à toute la Nation, puisque votre illustre COMPAGNIE la repré-
sente dans ce qu'elle a de plus grand & de plus
éclairé. C'est elle qui rassemble les differens
degrés de genie, & qui les réunit dans un même point de gloire : c'est elle qui par ses propres exemples se prépare de grands Hommes
dans tous les siecles, & qui les adopte après
les avoir formé : c'est à elle seule qu'appar-
tient le droit de peser le merite & de le cou-
ronner, de confondre l'envie & de triompher
de la critique. C'est cet Aréopage litteraire
dont les décisions sçavent borner l'imagination
irréguliere dans ses caprices, asservir son faux
sublime à la nature & à la raison, & lui
prescrire un essort plein de justesse ; c'est ce dépôt
de lumiere, precieux heritage de tant d'illus-
tres Prédecesseurs, qui éclaire le goût même
en lui dictant des loix certaines : heritage que
vous augmentez de vos veilles, & que vous

transmettrez avec un nouvel éclat à vos Suc-
cesseurs.

Persuadé de ces veritez, si un juste retour
sur moi-même n'avoit pû étouffer dans mon
cœur les sentimens d'une émulation timide
qui l'entraînoit sans cesse vers vous; du moins
auroit-il dû m'empêcher de prendre la plume.
Admirer et me taire devoit être mon unique
parti: Quel est donc mon dessein en vous offrant un foible crayon d'Eloquence ? C'est de
m'attirer un regard qui m'illumine, & me decou-
vre la route sacrée de l'IMMORTALITE'
où vous marchez d'un pas si ferme. En effet ne
dut-on faire que des efforts impuissans, il est
beau d'oser entrer dans une noble carriere, et d'i-
miter les grands modeles. La gloire m'a séduit;
mais la noblesse de l'entreprise en justifie la
temerité; & si la plus legere approbation acheve de m'enhardir, que ne dois-je point tenter
pour prouver ma reconnoissance & assurer d'une

EPITRE.

*estime & d'une veneration sans bornes, l'il-
lustre COMPAGNIE dont j'ai l'honneur
d'être avec le plus profond respect,*

MESSIEURS,

Le très-humble &
très-obéïssant serviteur

DE LA BAUME.

APPROBATION DU CENSEUR ROYAL.

J'Ay lû par ordre de Monseigneur le garde des Sceaux, *l'Eloge de la Paix*, & n'y ai rien trouvé qui en doive empêcher l'impression. Fait à Paris, ce dix-septiéme Septembre mil sept cent trente-six.

FONTENELLE.

PRIVILEGE DU ROY.

LOUIS par la grace de Dieu Roi de France & de Navarre : A nos amez & féaux Conseillers, les gens tenans nos Cours de Parlement, Maîtres des Requêtes ordinaires de notre Hôtel, Grand Conseil, Prevôt de Paris, Baillifs, Sénéchaux, leurs Lieutenans Civils & autres nos Justiciers qu'il appartiendra ; Salut. Notre bien amé JACQUES ROLLIN fils, Libraire à Paris, nous ayant fait supplier de lui accorder nos Lettres de permission pour l'impression d'un manuscrit qui a pour titre *Eloge de la Paix*, ouvrage d'Eloquence par le sieur Abbé de la Baume, offrant pour cet effet de le faire imprimer en bon papier & beaux caracteres, suivant la feuille imprimée & attachée pour modele sous le contrescel des Présentes. A ces causes, voulant traiter favorablement ledit Exposant, Nous lui avons permis & permettons par ces Présentes de faire imprimer ledit ouvrage ci-dessus spécifié, conjointement ou séparément & autant de fois que bon lui semblera, sur papier & caracteres conformes à ladite feuille imprimée & attachée sous notredit contrescel, & de le faire vendre & débiter par tout notre Royaume, pendant le tems de trois années consécutives, à compter du jour de la date desdites Présentes : Faisons défenses à tous Libraires, Imprimeurs & autres personnes, de quelque qualité & condition qu'elles soient, d'en introduire d'impression étrangere dans aucun lieu de notre obéïssance ; à la charge que ces Présentes seront enrégistrées tout au long sur le Registre de la Communauté des Libraires & Imprimeurs de Paris, dans trois mois de la date d'icelles ; que l'impression de cet Ouvrage sera faite dans notre Royaume & non ailleurs, & que l'Impétrant se conformera aux Reglemens de la Librairie, & notamment à celui du 10 Avril 1725, & qu'avant que de l'exposer en vente, le manuscrit ou imprimé qui aura servi de copie à l'impreſſion dudit Ouvrage, ſera remis, dans le même état où l'Approbation y aura été donnée, ès mains de notre très-cher & féal Chevalier Garde des Sceaux de France le Sieur Chauvelin, & qu'il en ſera enſuite remis deux Exemplaires dans notre Bibliothéque publique, un dans celle de notre très-cher & féal Chevalier Garde des Sceaux de France le ſieur Chauvelin ; le tout à peine de nullité des Préſentes, du contenu deſquelles vous mandons & enjoignons de faire joüir ledit ſieur Expoſant ou ſes ayans-cauſe, pleinement & paiſiblement, ſans ſouffrir qu'il leur ſoit fait aucun trouble ou empêchement. Voulons qu'à la copie deſdites Préſentes qui ſera imprimée tout au long au commencement ou à la fin dudit Livre, foi ſoit ajoutée comme à l'original. Commandons au premier notre Huiſſier ou Sergent de faire pour l'execution d'icelles tous actes requis & néceſſaires, ſans demander autre permiſſion, & nonobſtant clameur de Haro, Charte Normande & Lettres à ce contraires. Car tel eſt notre plaiſir. Donné à Verſailles le 12. jour d'Octobre, l'an de grace 1736, & de notre regne le vingt-deuxiéme. Par le Roi en ſon Conſeil.   S A I N S O N.

Regiſtré ſur le Regiſtre IX. de la Chambre Royale des Libraires & Imprimeurs de Paris, N. 373. fol. 322. conformément aux anciens Reglemens, confirmés par celui du 28. Février 1723. A Paris ce 19. Octobre 1736.

Signé G. MARTIN Syndic.

Dheulland Sculp

ELOGE

DE LA PAIX.

Venite & videte opera Domini, quæ posuit prodigia
super terram auferens bella usque ad finem
terræ. Psal. 45.

ENE's, Peuples, venés; voyés les ouvrages du Seigneur, & les prodiges
qu'il a fait en exilant la guerre aux
extremités du monde. C'est par moi
qu'il a fait tant de merveilles. Je suis la fille du

A

Ciel ; j'habite dans les conseils du Très-haut (*a*) ; assise à sa droite de toute éternité, j'étois avec lui quand il présida à la création (*b*) : je vis les cieux se former à sa parole ; les astres commencer leur cours ; la terre se séparer des eaux, les montagnes s'élever, les plaines s'étendre ; je vis les animaux sortir du néant ; la nature devenir feconde , & l'homme enfin le dernier & le plus parfait des ouvrages de Dieu, s'animer de son esprit, & peupler la terre.

Alors le Seigneur me détacha de sa droite pour veiller au repos des mortels : j'établis l'ordre ; je fondai des villes ; je traçai des loix ; & n'assurai la félicité de l'homme que dans leur exacte observation : par moi les Rois regnent (*c*) ; les trônes s'affermissent, & les Princes commandent : la prudence & l'équité me suivent en tous lieux (*d*) & ma force est dans l'une & l'autre. Les richesses font mon appanage (*e*) ; je donne la vraie gloire, j'inspire la vraie sagesse ; je fais jouir la justice de

---

(a) *Ego Sapientia habito in altissimis.* Lib. Proverb. cap. 8. v. 12. usque v. 32.

(b) *Quando præparabat cœlos aderam.* Ibid.

(c) *Per me Reges regnant, per me Principes imperant.* Ibid.

(d) *Meum est consilium & æquitas, mea est prudentia, mea est fortitudo.* Ibid.

(e) *Mecum sunt divitiæ & gloria & opes superbæ & justitia.* Ibid.

tous fes droits ; j'enrichis ceux qui m'aiment (*a*) ; ceux qui s'éloignent de moi périffent toujours (*b*), & mes délices les plus cheres font d'être avec les enfans des hommes , & de faire tout leur bonheur.

Peuples , à ces traits reconnoiffez votre Souveraine ; reconnoiffés la P A I X victorieufe de la D I S C O R D E. Venés, c'eft en votre prefence que je briferai fes arcs & fes fleches ; je romprai fes boucliers (*c*), & de tous ces formidables débris entaffés j'allumerai des feux pour celebrer ma victoire. Accourés , peuples , dès ce moment je ferme les portes de Janus (*d*), j'ouvre mon temple , rétabliffés mon culte ; faites fumer l'encens fur mes autels ; que les nations m'offrent leur vœux & leurs offrandes ; que les mortels rentrent fous mon empire ; nul étranger pour moi ; le heros défarmé redevient citoyen ; & dans le tranfport qui m'infpire , je crie indifferemment à tous les hommes , venés & voyés les ouvrages du Seigneur , & les prodiges qu'il a fait fur la terre , il a banni la

---

(a) *Ut ditem diligentes me.* Ibid.
(b) *Qui me oderunt diligunt mortem.... & delicia mea effe cum filiis hominum.* Ibid. v. 32.
(c) *Arcum conteret , confringet*

arma , fcuta comburet igni. Pfal. 45.
(d) A Rome le Temple de Janus bâti par Numa n'étoit ouvert qu'en tems de guerre , & fe fermoit à la paix.

guerre, brifé les arcs, rompu les épées, & brulé les boucliers. (a)

O vous qui defabufés des illufions où vous avoir entraîné la difcorde, revenés dociles à mes loix; vous qui par vos chants celebrés mon heureux retour, peuples, fufpendés-les : je veux auparavant vous montrer toute l'étendue de votre bonheur prefent, par l'idée de vos calamités paffées, les biens ne fe fentent que par le contrafte; les malheurs de la GUERRE vous apprendront à connoître les avantages de la PAIX; & ces avantages juftifiés dans un jufte parallele, décideront à l'avenir qui de la difcorde ou de moi doit avoir la préference de vos hommages : j'entre dans ma carriere.

(a) *Venite & videte*, &c. Pfal. 45.

Etrogradons d'abord fur le commencement du fiecle : reprefentons - nous un Roi mourrant choifir fon fucceffeur dans le fang royal des B O U R B O N S, malgré l'antipathie de deux trônes rivaux, & de deux nations jaloufes. Voila l'époque brillante par où débuta notre fiecle : époque qui fut l'écueil de la tranquillité publique. CHARLES appelle P H I L I P P E (*a*), la difcorde l'entend, en fremit, & prévoyant que l'union de la S E I N E & du T A G E (*b*) va procurer une paix folide entre deux Nations fi long-tems divifées par la gloire, elle dit dans fon cœur : je romprai des projets qui renverfent les miens ; j'armerai l'Europe, & Philippe ne regnera point : elle le dit (*c*), & l'Europe liguée fervit aveuglement fes fureurs. Les defavantages (*d*) qu'effuya fon parti déclaré con-

(*a*) Teftament de Charles II. Roi d'Efpagne en faveur de Philippe de France Duc d'Anjou 1700.

(*b*) La crainte de voir les couronnes de France & d'Efpagne fur une même tête fut la caufe de la guerre generale de 1700. qui ne finit que par la renonciation de Philippe V. au trône de France, & par celle des Ducs de Berry & d'Orleans au trône d'Efpagne. 1713.

(*c*) *Dixit fe incenfurum fines meos, & juvenes meos occifurum gladio, infantes meos dare in prædam, & virgines in captivitatem.* Judit. 16.

(*d*) Bataille de Luzara où les Allemans furent defaits par le Duc de Vendôme avec perte de 5. à 6000. hommes. 1702.

Journée de Cremone où les Al-

A iij

tre les loix & l'équité font auſſi connus que ſon
nom; le dénouement même de tant de ſcenes tra-
giques fera toujours la honte & la confuſion des
Alliés. Philippe parut, Vendôme (*a*) le
ſeconda; les vertus du Prince gagnerent tous les
cœurs; ſon intrepidité triompha de tous les obſta-
cles (*b*); ſon habileté & celle du General decon-
certerent tous les projets ennemis. Louis cou-
ronna Philippe, & le ſang regna par le ſang.

Il étoit naturel de penſer que la ligue laſſée de
ſes revers ſongeroit à les faire finir; mais la diſ-

lemans qui ſous les ordres du Prince
Eugene s'y étoient gliſſés, furent
taillés en pieces. 1702.

Combat de Fredelinkgue gagné
par le Marquis de Villars qui en fut
récompenſé du baton de Marechal.
1702.

Bataille d'Hocſtet gagnée par les
François conduits par l'Electeur de
Baviere & le Maréchal de Villars.
4500. Allemans reſterent ſur la place,
on fit 5000 priſonniers. 1702.

Bataille de Spirebak gagnée par
le Maréchal Duc de Tallard ſur le
Prince de Heſſe qui y perdit 5000.
hommes & 4000 priſonniers. Elle
fut ſuivie de la priſe de Landaw.
1703.

Bataille de Caſſano où le Prince
Eugene fut battu par le Duc de
Vendôme avec perte de 7000 hom-
mes & 1800 priſonniers; le Prince
Joſeph de Lorraine y fut bleſſé &
mourut de ſes bleſſures. 1705.

Le Prince de Bade Dourlach & le
Marquis de Bareith forcez dans les
lignes de Stolofen par le Maréchal
Duc de Villars avec perte de leur
bagage & artillerie en 1707.

Priſe de Lerida par Philippe Duc
d'Orleans. 1707.

Le Duc de Savoye obligé de le-
ver le ſiege de Toulon, après une
perte de 4. à 5000. hommes. 1707.

Le Comte du Bourg depuis Maréchal de France défit près de Ru-
merſheim le general Merci qui
comptoit de penetrer dans la Fran-
che-Comté. 1709.

(*a*) Louis-Joſeph de Bourbon,
Duc de Vendôme, Grand-Vicaire
d'Eſpagne mort 1712.

(*b*) Bataille de Villaviciofa où
les troupes de l'Empereur furent
défaites par Philippe V. & le Duc
de Vendôme qui commandoit les
troupes de France en Eſpagne. 1710.

corde dont elle fuivoit les loix l'étourdiffoit fur fes pertes & l'endormoit au récit de quelques avantages exagerés ; elle l'écoutoit fans fonger que ce fommeil létargique entraînoit ce corps énorme de l'empire dans une deftruction inévitable : l'excès de confiance en des forces trop vantées, engendroit le mépris pour des adverfaires autrefois redoutés ; & ce mépris peu politique & peu mefuré degeneroit en infolence, lorfque le VAINQUEUR de DENAIN la confondit & vengea fa patrie (a).

Alors ceffa ce fommeil létargique : la fecurité s'éveilla au bruit des fuccès de la France (b) ; la ligue qui ne put les arrêter fe divifa ; les Alliés implorerent la paix ; LOUIS y confentit : un illuftre NEGOCIATEUR (c) auffi digne par fa fageffe des honneurs de l'ancienne Rome, que juftement revêtu aujourd'hui de la pourpre de la nouvelle, commença à rompre les nœuds de l'alliance à UTRECH ; & de la même main qui pu-

(a) Bataille de Denain gagnée par le Maréchal Duc de Villars le 24. Juillet 1712.

(b) Levée du fiege de Landrecie, prife de Mortagne, de S. Amand, de Marchienes, du Fort de Scarpe, de Doüay, du Quefnoy, de Bou- chain 1712. prife de Landaw & de Fribourg. 1713.

(c) M. l'Abbé de Polignac plénipotentiaire pour la France au Congrès d'Utrech. 1713. Cardinal en la même année.

nit la difcorde obftinée , V I L L A R S , le grand
V I L L A R S figna mon retour à R A S T A D T (*a*).

Alors vainqueur de l'envie, par moi regna P H I-
L I P P E fur un trône d'autant plus éclatant , que
l'aftre du jour ne ceffe de lui communiquer fa
lumiere. Le diadême de L O U I S en reçut un nouvel éclat; je ceignis fon front d'un olivier immor-
tel : heureufe helas ! fi j'avois pû fauver ce Roi
magnanime du fort commun...... mais la mort
...... O perte que je pleurerois encore ! fi le Monarque mourant dans mes bras , ne m'eût laiffé
un heritier de fon trône & de fes vertus , feul digne de le remplacer.

En effet le jeune L O U I S effuya mes pleurs ;
cet A S T R E naiffant mérita tous mes foins : Le
M E N T O R D E L A F R A N C E (*b*) les partagea;
fon amour pour fon prince, fon affection pour moi
poferent les fondemens d'une alliance (*c*) fi formidable que le monde entier fembloit devoir n'en
attendre que des fers , & qui cependant n'avoit

(*a*) Traité de paix entre l'Empire
& la France figné à Raftadt par le
Prince Eugene François de Savoye,
& le Maréchal Duc de Villars en
Decembre 1714.
  Confilium pacis erit inter illos duos.
Zach. 6.

(*b*) Feu Monfeigneur le Duc d'Orleans , Regent du Royaume , le 2.
Septembre 1715.
  (*c*) La quadruple alliance fignée
à Londres en 1718. entre l'Empire,
la France , l'Angleterre , & la Hol-
lande.

pour

pour but que d'y affurer mon féjour. Deja je reparois les pertes qu'une guerre ruineufe avoit caufé : Deja l'abondance revenoit, le commerce fleuriffoit, les arts renaiffoient quand le NORD attira les regards de tout l'Univers (a).

Le trône eft de tous les objets le plus brillant, & le plus haut point où puiffe atteindre l'ambition. Que ne fait-on pas pour y monter ? Qui ne le peut par les loix, l'entreprend par la force ; le fuccès feul juftifie tout : & l'adulation toujours proftituée à la fortune, encenfe fouvent le vice fous les dehors de la vertu. Le trône de Pologne qui vaquoit par la mort de fon Prince, n'étoit point dans ce cas : on y voyoit DEUX CONCURRENS également pleins de vertus & de courage, tous deux dignes de regner, tous deux grands, tous deux puiffans, mais il n'y avoit qu'un trône & il falloit le difputer : ainfi en ordonna la difcorde. Non contente d'avoir mis l'Afie en feu, cette furie venoit de fecouer fon flambeau dans les glaçons du Nord (b), & l'embrafement qu'elle y alluma s'étendit bientôt dans le refte de l'Europe.

(a) *Commotio magna de terra Aquilonis.* Jer. 10.
(b) *Ab Aquilone enim fumus ve-niet, & non eft qui effugiat agmen ejus.* Ifay. 4.

B

Alors il fallut courir aux armes ; (*a*) la méfiance se gliſſa de peuple en peuple, de ville en ville, de frontiere en frontiere. Alors vous euſſiés vû le Citoyen auparavant paiſible dans ſes foyers domeſtiques, chercher un azile contre l'avidité du Soldat, (*b*) dans les rochers & dans les foreſts ; le Négociant interrompre ſon commerce, & ne vouloir plus commettre ſa fortune à la foy des étrangers ; l'Artiſan ſortir de l'attelier ; le Laboureur quitter la charruë, & prendre les armes ; le jeune homme trompé à la voix de la Diſcorde qui l'appelle, deſerter l'autel de l'hymenée où il étoit ſur le point de ſe lier d'un nœud ſacré, abandonner une amante, un pere, une famille éplorée, & ſuivre Bellone avec joye. Alors je vis mes plus fidéles ſujets s'enrôler ſous ſes étendarts ; j'eûs beau les retenir : mes efforts furent inutiles ; la Gloire qui les rappelloit éleva la voix : on ne m'écoûta plus.

Je vis CLERMONT *(c)* emporté par le ſang des

(a) *Arma capere ſuis præcepit.* 2. Mach. 25.

(b) *Atrita eſt civitas, clauſa eſt omnis domus.* Iſay. 24.

Aſpexi terram, vidi montes & ecce movebantur, & omnes colles conturbati ſunt. Intuitus ſum, & non erat homo, omne volatile cœli receſ- *ſit, à voce equitis & mittentis ſagittam fugit omnis* CIVITAS, INGRESSI *ſunt ardua. Aſcenderunt rupes, univerſa urbes derelicta ſunt.* Jer. 4.

Filii mei exierunt à me & non ſubſiſtunt. Jerem. 9.

(c) Loüis de Bourbon-Condé, Comte de Clermont.

Heros qui coule dans ſes veines, & juſtement diſ-
penſé des regles d'un état pacifique, ne conſulter
que ſa valeur, voler ſur les pas des CONDE's, &
continuer l'heroïſme de ſes Ayeux dans la brillante carriere de la gloire.

Je vis un JEUNE HEROS (a) s'éveiller des
premiers à ſes cris, & malgré les pleurs d'une
PRINCESSE, EPOUSE auſſi vertueuſe que belle, ne
faire qu'un ſaut de la couche nuptiale aux champs
de Mars.

Je vis DOMBES(b) tel que je l'avois vû dès
ſes premieres années, lorſque ſecondé de ſon
ILLUSTRE FRERE, (c) il faiſoit l'eſſay d'une valeur naiſſante contre la fierté des Otthomans. Je
les vis ces HEROS animés du ſang de LOUIS,
faire revivre ſon courage, & ſoutenir dignement
la grandeur de leur nom.

Bientôt ſur leurs pas je vis la nobleſſe guerriere
ſortir de ſes demeures voluptueuſes, ſecoüer fiere-
ment le joug des plaiſirs pour endoſſer le harnois
militaire ; je vis des Chefs courageux couvrir les

(a) Loüis de Bourbon, Prince de Conti.
(b) Loüis - Auguſte de Bour-bon, Prince de Dombes.
(c) Loüis-Charles de Bourbon, Comte d'Eu.

plaines germaniques de nombreux bataillons, &
chercher avidement un laurier qui pût les faire
reconnoître pour vrais enfans de la gloire. Alors
commença ce bruit confus qui retentit dans tout
l'Univers : alors disparurent les jeux & les ris
épouvantés par les allarmes. (a) Alors voyant mon
culte tombé, mes autels deserts, mes enfans se-
duits ou disperfés, je dis dans mon cœur ferré de
triftesse, jufques à quand verrai-je mes fujets mis
en fuite, & entendrai-je le fon fatal des trompet-
tes (b) qui caufent leur frayeur. Alors ne pouvant plus refter dans une terre où mon imperieuse
rivale commandoit, j'allai la larme à l'œil au
trône de Louis prendre congé de lui ; fon grand
cœur ne me vit partir qu'à regret, & m'affura
qu'il travailleroit efficacement à détruire la Difcorde mon ennemie : moy par reconnoiffance je
laiffai avec lui LA JUSTICE (c) pour pefer fes
droits ; LA FORCE pour les foutenir ; & LA
PRUDENCE, dans les confeils de fes Miniftres,
pour me menager un heureux retour.

(a) *Ingemuerunt omnes qui leta-*
bantur corde, ceffavit gaudium tim-
panorum, quævit fonitus letantium,
conticuit dulcedo cithara, tranfla-
tum eft gaudium terra. Ifay. 24.

(b) *Ufquequo videbo fugientem*
& audiam vocem buccina. Jer. 4.

(c) *Juftitiam in terra reliqui*
Amos. 5.

Ainſi je quittai la terre, & me retirai dans le ciel mon ancienne Patrie. Delà j'obſervai (*a*) toutes les démarches de la Diſcorde. Je la vis cette orgüeilleuſe rivale plus ſouveraine que je ne fus jamais, s'applaudir de ma fuite ; compoſer ſon empire des débris du mien ; rouvrir l'antre affreux des Cyclopes; rappeller des enfers le genie ſanguinaire, dont le talent homicide eſt de forger ſans ceſſe de nouveaux inſtrumens de carnage & d'horreur ; préparer le fer, (*b*) tremper l'acier meurtrier, fondre l'airain deſtructeur, éventrer la terre pour en tirer malgré elle ce ſoufre enflammé, dont l'éclat annonce la mort ; en armer mes ſujets diſperſés, les raſſembler en corps, dreſſer leurs tentes, (*c*) les aſſervir à ſes loix ou plûtôt à ſes fureurs, (*d*) leurs apprendre l'art funeſte de s'entredétruire ; leur inſpirer le mépris des loix, (*e*) & leur faire approuver ſes uſurpations & ſes excès, ſans aucun égard au droit des gens.

(a) *De cœlo proſpexit.* Pſal. 48. Jer. 51.

(b) *Vox Belli.* Jer. 50. . . . . *mucro, mucro evaginate ad occidendum, lima te ut interficias & fulgeas.* Ezech. 21. . . *Acuite ſagittas, implete pharetras, ſuper muros levate ſignum, augete cuſtodiam, levate cuſtodes, præparate inſidias.*

(c) *Erigebant tentoria.* Num. 9.

(d) *Et fecerunt ſicut præceperat.* Dan. 13.

(e) *Tranſgreſſi ſunt leges, mutaverunt jus, & diſſipaverunt fœdus ſempiternum.* Iſay. 24.

B iij

Bientôt elle les fit paſſer de l'audace, qui oſe tout, à la licence qui ne reſpecte rien ; de la férocité, qui brave tout, à la barbarie qui n'épargne rien ; de la violence, qui ravit tout, à l'injuſtice qui ne rend rien. Elle leur aprît à s'endurcir aux cris des malheureux, & à ne connoître de vrai droit & de vraye loy, que dans la Victoire & la Force. Je les vis ces chers enfans, autrefois juſtes, moderés, équitables, humains, pacifiques ; en un inſtant devenus injuſtes, violens, emportés, inhumains, barbares ; tremper leurs mains dans le ſang (a) innocent, inſulter à la Vertu, opprimer les hommes, braver le ciel, & marquer tous les inſtans de leur vie de quelques forfaits nouveaux.

Il eſt vrai que la corruption ne fut pas generale ; & que quelques cœurs genereux, Partiſans-nez de l'Honneur & de l'Equité, déplorerent en ſecret tant de véxations, & n'eurent ni la force ni le crédit d'en arrêter le torrent.

C'eſt par de tels eſſays, que la Guerre fille de la

(a) *Arcum & ſcutum aprehendent. Crudeles ſunt & immiſericordes ; vox eorum quaſi mare ſonabit ſuper eyzos, aſcendent ſicut vir paratus ad prælium.* Jer. 50. . . . *Veloces pedes eorum ad effundendum ſanguinem.* Pſal. 13. *Sanguinem pacificorum. . . . . & ſanguinem innoxium.* 4. Reg. 26.

Difcorde commença d'établir fes droits : fûre de fes nouveaux fujets, rien ne lui parût impoffible. Le R H I N & les A L P E S n'avoient pas été pour elle des barrieres infurmontables ; L'A I G L E forcé dans plus d'une Province, appelloit d'un cris aigu & perçant A L B I O N (*a*) & le B E L G E (*b*) à fon fecours. La L O M B A R D I E prefque auffi-tôt foumife qu'attaquée, avoit vûë tomber fucceffivement fes meilleures Places. La Capitale feule ofa former le projet d'une refiftance invincible. V I S C O M T I (*c*) vouloit s'enfevelir fous fes ruines ; mais fa valeur ne pût la fauver : Il fallut fubir la loy du vainqueur, & V I L L A R S (*d*) accoûtumé à la donner, fubjugua Milan, & dégagea fa parole.

Tout plia déformais devant ces nouveaux maîtres ; Mantoüe feul n'avoit pas encore éprouvé leur valeur : fi ce dernier retranchement eût été emporté, c'en étoit fait ; la Guerre expiroit aux champs Lombards. Mais la Difcorde qui le prévit, en détourna le Siége, & en fit fa place d'armes pour perpetuer la guerre. Alors moins abbatu de fes pertes, que fier de voir les ramparts orguëilleux de Mantoüe en fa puiffance, l'Aigle reprit courage, raffembla fes combattans, mit les armées en prefence ; & Parme qu'il menaçoit vit la cruelle JOURNE'E qui décida de fon fort.

Cependant VILLARS étoit parti, emportant avec lui la confiance des Chefs, l'amour du Soldat, l'eftime de fes rivaux, & les regrets de tous. Ce Heros accablé d'années & de gloire fuccomboit fous le poids de fes nouveaux lauriers. Helas! la mort l'attendoit à Turin. (a) Rendons juftice à fa memoire : fi elle le dépoüilla de fes titres, elle releva fes vertus. Victorieux & mourant dans une terre étrangere, il commença & finit fa carriere en Heros. Il avoit combattu pour fon Roy ; il mourut fous les yeux d'un Prince qui l'avoit vû combattre ; & après avoir fourni à tous les Conquerans le modéle d'une vie illuftre ; il laiffa à tous les Courtifans l'exemple d'une mort édifiante. . . . . Puis-je refufer des larmes au Hero qui n'eft plus : Sil fervit ma rivale, ce ne fut que pour la détruire ; & tous fes grands exploirs n'eu-

(a) Mort à Turin le 17. Juin 1734.

rent jamais que moi pour objet.

COIGNY (*a*) qui avoit recüeilli fes derniers foûpirs, revêtu des mêmes titres, formé fur le même heroïfme, animé de la même valeur , fût en droit de prétendre aux mêmes fuccès. MERCI qui fe crût offenfé d'une fi noble audace voulut la borner ; mais bientôt frappé *(b)* des mains de la Victoire, fa mort acheva la déroute des fiens.

O Parme, Parme, que tu me coûtas de pleurs & d'inquiétudes ? (*c*) C'eft fous tes murs que la Difcorde déploya fes fureurs d'une maniere nouvelle, (*d*) même au Dieu des combats. C'eft-là que je vîs mes enfans les plus cheris facrifiés à ta querelle ; DE L'ISLE, DE MIZON, VALENCE, DE LA CHASTRE (*e*) la fignerent de tout leur fang. LE GUERCHOIS, SAVINES, CADRIEUX, LOUVIGNY, BOISSIEUX, MONTAUBAN, CADEVILLE,

---

(*a*) Le Marquis de Coigny fait Marêchal de France & General de l'armée d'Italie, le 1. Juillet 1734.

(*b*) Le Comte de Merci General des Imperiaux, tué à la bataille de Parma, le 29. Juin 1734.

(*c*) *Ventrem meum, ventrem meum doleo, fenfus cordis mei turbati funt in me ; non tacebo quoniam vocem buccinæ audivit anima mea & clamorem prælii.* Jer. 4.

(*d*) La Bataille de Parme du 29. Juin 1734. entre les Imperiaux & les François, fût des plus vives & des plus longues, quoique les deux armées fuffent féparées par deux larges foffés, tout fe paffa en coups de feu : On en avoit vû peu de femblables & de plus fanglantes depuis l'ufage des armes à feu.

(*e*) Officiers Generaux tués à la Parma 1734.

C

ELOGE

BIRON, LA TREMOUILLE, CONTADES, FIMAR-
CON, HAUTEFORT, MAILLEBOIS, & le fils d'un
illuftre PAIR, (a) que fon intrepidité expofa deux
fois aux foudres ennemis, CRUSSOL, dont le noble fang mêlé à celui de tant de braves chefs, acheva de cimenter ton repos; c'eft à ces invincibles
bras, Parme, que tu dois ta confervation ; Citoyens, vous leur devez vos biens & votre tranquillité ; femmes, vous leur devez votre honneur ; meres, vous leur devez vos enfans, & vous,
peuples, l'avantage de vivre fous un gouverne-
ment auffi doux qu'équitable.

Mais tandis que d'un côté je déplore des malheurs réels, le bruit qui fe fait entendre des bords
du Rhin ne m'en découvre-t'il pas de nouveaux ?
Que vois-je, des travailleurs diligens foüillent la
Terre ! . . . . . Sont-ce des Laboureurs qui cher-
chent l'abondance dans le fein de Cerès ?... Non :
l'air farouche qui les diftingue me les fait connoître pour les enfans de la Difcorde. Quel Idiome
affreux les annonce ? L'entendez-vous ? fortifier,
terraffer, retrancher, paliffader, flanquer, conf-

(a) Officiers Generaux bleffés à la Parma 1734.

truire, perfectionner, ravitailler, innonder des fof-
fez, faire des forties, repouffer, & pour dernier ef-
poir capituler : Voilà le langage des uns. Bloquer,
inveftir, affiéger, refferrer, s'établir, combler, fa-
per, miner, contreminer, canoner, bombarder, ef-
calader, battre en brêche, donner l'affaut, forcer,
fourager , emporter, piller, faccager : Voilà le langage des autres. Ici on attaque, on charge, on en-
fonce, on penétre, on rompt, on taille, on difperfe,
on pourfuit, on brûle. Là on rallie, on défend, on
embufque, on appuye, on furprend, on enleve, on
efcorte, on détache. La fureur de nuire, la crainte
d'être fupris éloignent également le fommeil ; (a)
& l'Animofité fuivie de la Vengeance (b) qui ne
repofe point, l'œil égaré & la main armée cherche
par tout des repréfailles. Ce n'eft plus un fillon
paifible , c'eft une tranchée tumultueufe, que je
vois ; c'eft l'appareil formidable des foudres de
Mars qui vont tonner.

Ah imprenable PHILISBOURG ! C'eft fur toi que

(a) *Omne corpus aquilæ, incen-*
debatur , & expavefcebat terra val-
dè , & ego à tumultu & exceffu
mentis & à magno timore vigila- | *vi. . . 4. Efdr. 12.*

(b) *Et vindicta ficut leo infidia-*
bitur. Eccli. 27.

va fondre l'orage. En vain, un COMMANDANT
(*a*) plein d'experience & de bravoure jure de te
conferver à fon Prince, & de te fauver du joug
étranger. En vain, le RHIN ton allié fidéle enfle
fes eaux (*b*) pour écarter tes Affiegeans. En vain,
inonde-t'il une partie du Camp François ? En vain,
les Elemens combattent-ils pour toi ? Tant d'obftacles retarderont ta prife, & ne l'empécheront
pas. Tu te défens vaillament, j'en fuis témoin ; tu
fais admirer le courage de tes défenfeurs : tu re-
pouffes le fer par le fer ; tu rends le feu par le feu :
Vains efforts ! Il faudra fe rendre. (*c*) Epargne
toi une réfiftance qui peut te devenir fatale. Arrête un moment. . . . ne vois tu pas L'ANNIBAL
DE LA FRANCE qui reconnoît tes déhors. Ref-
pecte celui qui doit te foûmettre : fufpens tes feux ;
referve-lès pour des hommes vulgaires. . . . mais
tu n'écoutes rien. . . . le coup part. . . . qu'ay-je
entendu. . . . ah foudre cruel ! tu l'as frappé. . . .
Le VAINQUEUR D'ALMANZA (*d*) a mordu la

(*a*) Le Baron de Wutginaw, commandant dans Philifbourg. 1734.

(*b*) En Juillet 1734. les débor-demens du Rhin cauferent de grandes innondations ; & les pluyes

continuelles retarderent les progrez du Siége.

(*c*) Le 18. Juillet 1734. à Mr. le Marêchal d'Asfeld.

(*d*) Victoire remportée à Alman-za en Efpagne fur le Comte de Gallo-

pouſſiere ; & D u r a s *(a)* a partagé ſon peril & ſa gloire. Crois tu qu'un tel exploit te ſauve ?.. tu as ſeparé la tête du bras ; tu as raiſon : la prudence de l'une, & la valeur de l'autre, ne te preparoient que des fers.

O Diſcorde ; Diſcorde, voilà de tes coups ! Voilà le fruit de tes intrigues ! Te falloit-il de ſi nobles victimes pour aſſouvir ta rage ? Jadis tu terraſſas Turenne. *(b)* Aujourd'hui tu abbats Berwick. *(c)* Une égale valeur, merite un ſort égal. Qui pouvoit t'animer à leur perte ? ne te ſervoient-ils pas également ? Ah j'entrevois la cauſe de ta haine ; tu ne prens pas le change : leur grand cœur étoit ton ennemi ; leurs rapides exploits ne tendoient qu'à ta ruïne ; & tout Heros trop cheri de la Victoire meritera toûjours ton couroux, parce la que Victoire prépare à la Paix.

N o b l e s a n g d e S t u a r d *(d)* reçois mes pleurs ? ſoufre que mes larmes baignent tes lau-

wai, General des alliés de l'Archiduc Charles, par le Marêchal, Duc de Berwick, General des armées de Philippe V. Roy d'Eſpagne. 1707.

(a) Le Duc de Duras bleſſé à côté du Marêchal, Duc de Berwick au Siége de Philiſbourg.

(b) Le Marêchal Vicomte de Turenne, tué en Allemagne d'un coup de canon le 27. Juillet 1675.

(c) Le Marêchal, Duc de Berwick, tué d'un coup de canon devant Philiſbourg, le 12. Juin 1734.

(d) Le Marêchal, Duc de Berwick & de Fitzjames, étoit fils naturel de Jacques II. Roy d'Angleterre.

riers : tu meurs au champ de Mars, je te préparois un tombeau pacifique. . . . O DESCENDANT DES ROYS, défenfeur des Roys ! Si tu n'eûs point de trône, tes vertus t'en éleverent un dans tous les cœurs ; c'eft le régne le plus folide, (*a*) le plus glorieux ; & L'IMMORTALITE' (*b*) ne pouvoit te manquer. Tu la meritas pour avoir affermi le trône de PHILIPPE ; pour avoir forcé la Difcorde dans fes derniers retranchemens, (*c*) & pour avoir rangé des fujets rebelles (*d*) fous les loix du meilleur Prince qui fut jamais. Ah tu les eûs mieux punis en les livrant à eux-mêmes : mais leur aveuglement diffipé, ils ont baiffé la main, qui en les frappant a travaillé malgré-eux à leur bonheur ; & ils beniront toûjours celle qui les a foumis au Prince qu'ils adorent.

FRANCE, Couronne, enfin, ce moderne ROMAIN que les fuccès, juftes fruits (*e*) de fa prudence ont tant de fois couronné. Il fût ta force & ton confeil : il augmenta la gloire de tes armes ; tu

---

(a) *Regnum erit folidum.* Dan. 2.

(b) *Radix eft immortalitatis.* Sap. 15.

(c) Prife de Barcelone par le Maréchal, Duc de Berwick. 1714.

(d) Catalogne entiérement foûmife, par le même 1714.

(e) *Laborum gloriofus eft fructus, & quæ non concidat radix fapientiæ.* Sap. 3.

relevas l'éclat de son nom. Que te reste-t'il ? des vœux à faire, afin que le ciel suscite à tes lys des Generaux victorieux & pacifiques, tels que BERWICK, qui constamment favoris de la Victoire, & toûjours amis de la Paix, ne cessent de poursuivre en tous lieux la Discorde & la Guerre.

Mais, que dis-je, tes vœux sont superflus. Le sang (*a*) des Heros répandu sous tes étandarts, est la semence des nouveaux Heros. COIGNY en est la preuve. L'ELEVE ET L'AMI DE VILLARS, quitte enfin les murs de PARME; & sur le bruit que les Aigles vont fondre sur une place qu'il protege : il dit dans son cœur genereux, je sauverai GUASTALLA : il le dit; il part & trouve KONISEGK (*b*) SUCCESSEUR DE MERCI, qui résolu de réparer ses pertes, veut ou se couvrir d'honneur par la victoire, ou tomber noblement dans sa défaite : ainsi s'avence ce General. Et le VAINQUEUR DE PARME invoquant le Dieu des armées se prépare à de nouveaux triomphes. Je vois la Gloire qui le presse, la Vigilance qui l'anime, la Prévoyance qui l'éclaire,

(*a*) *Sanguis martyrum semen Christianorum.* Tertuli. Apologi. Christ.

(*b*) Le Comte de Konisegk, General de l'armée Imperiale, après la mort du General Merci.

& la Prudence qui le guide : Il difpofe fon terrain ; il range fes cohortes, il parcourt fes bataillons ; & tel que le plus vaillant des Romains, harangue ainfi fes guerriers.

O vous chefs & foldats à qui L o u i s commit le foin de venger la paix des outrages de la dif-corde, fecondés de fi nobles projets ; hâtés fon re-tour par vos coups ; frapés : que le fang de fes ennemis enyvre la terre (*a*), épuifons-le ; afin que déformais impuiffans à foutenir la difcorde, ils fe repentent de l'avoir écoutée ; vengeons la que-relle des Rois. Le ciel forma leur T R I P L E A L-L I A N C E (*b*) pour dominer fur la terre (*c*), & abbaiffer la fierté des têtes de l'A I G L E. Je fais qu'il nous en coutera du fang ; la nobleffe m'offre le fien, je lis dans fes yeux l'ardeur qu'elle a de le répandre pour une fi jufte caufe. S'il eft verfé, ne le regrettons pas : la gloire s'y oppofe ; ce fang feul digne de cimenter nos conquêtes fera payé

(a) *Inebriabitur terra eorum fan-guine* Ifay. 32.
Inebriabo fagittas in fanguine. Deut. 32.
(b) Alliance offenfive & défenfi-ve entre les Rois de France, d'Ef-pagne & de Sardaigne en 1733.

(c) *Sufcitabit altiffimus & tria regna, & revocabit in ea multa & dominabuntur terram ; & qui habi-tant in ea cum labore multo fuper omnes qui fuerunt ante hos, propter hoc ipfi vocati funt capita aquilæ.* 4. Efdras 12.

du

du prix d'une gloire immortelle (*a*) long temps
même après le trépas, & ce n'eſt qu'en ſervant la
patrie qu'on peut l'acquerir.

Il dit , & ſa valeur ſe communique à tous. Le
ſignal ſe donne ; la victoire attentive à l'action ,
regarde de loin quel parti méritera ſes faveurs ;
& la mort qui éguiſe ſa faux ſe prépare à des
moiſſons cruelles. Alors les rangs ſe joignent ; tout
ſe confond ; un nuage de pouſſiere s'éleve pour
dérober au ciel la fureur qui agite les hommes ;
le fer, le feu répondent aux cris (*b*) & aux allarmes ; un P R I N C E (*c*) fils de Heros, & fidele allié
des B O U R B O N S, porte l'effroi & l'épouvante en
tous lieux : P A L L A S lui prête ſon égide ; M A R S
l'anime de ſon eſprit ; ſon intrepidité arrête les
Cuiraſſiers ; & C H A T I L L O N (*d*) qui les terraſſe
(*e*) acheve de les vaincre. Digne rejetton d'une
race héroïque, ſa grandeur d'ame égale ſa valeur,
& l'une & l'autre l'ont élevé au comble de l'hé-

(*a*) *Immortalitatis fructum*. 4.
Eſdr. 7. (*b*) *Clamor belli aſcendit
ad cœlum ſicut tuba & clamor ma-
gnus.* 1. Mach. 5.

(*c*) Charles-Emanuel I I I. de
Savoie Roi de Sardaigne, le 3. Sep-
tembre 1730. Généraliſſime des
Armées confédérées en Italie.

(*d*) Le Comte de Chatillon, Lieutenant Général, Chevalier des Ordres du Roi en 1731. bleſſé à la bataille de Guaſtalla en 1734. Gouver-
neur de Monſeigneur le Dauphin
en 1735. & Duc & Pair en 1736.

(*e*) *Velociores aquilis equi ejus.*
Jer. 4.

D

roïfme & de la gloire : mais ô lauriers trop chere-
ment cueillis ! je vis couler fon fang….. F R A N-
ç o i s , jugés de mes allarmes, & combien il vous
étoit précieux : je fçavois que M I N E R V E l'avoit
deftiné à préfider à l'éducation du Prince votre
plus chere efperance.

Cependant W I R T E M B E R G (*a*) rappelle fon
courage , rallie fes guerriers , & après leur avoir
donné de grands exemples de valeur, tombe parmi eux (*b*). Alors le combat recommence avec
plus de fureur , la terre fe rougit par tout du fang
des humains(*c*). Ici c'eft un Courfier fougueux
qui tantôt emporte fon Cavalier hors des rangs ;
& tantôt frappé d'un trait mortel tombe fur lui
& l'accable. Là ce font deux furieux acharnés qui
fe donnent réciproquement la mort. Plus loin c'eft
un malheureux percé de coups dont les cris ne
touchent perfonne , & qui pouvant échapper de
fes bleffures va périr fous les pieds des combattans.
Partout la frayeur & le defefpoir, la ferocité & la
barbarie ont pris la place de la raifon. La mort

(*a*) Le Prince Louis de Wirtem-
berg tué dans cette action.
(*b*) *In morte mirabilia operatus*
eft. Eccli. 48.
(*c*) *Infefta eft terra in fanguini-*
bus. Pfal. 105.

court de rang en rang ; que de meurtres ! que de
carnage ! La valeur égale la perte ; la fureur eſt
commune (a) : chaque parti redouble ſes effotts
pour s'arracher la gloire de cette journée ; quand
COIGNY dont la preſence inſpire le courage ,
ſe porte partout : impatient de vaincre il reproche
en ſecret à la victoire ſa lenteur à ſe déclarer ;
il l'appelle d'un cri martial , & tandis que MAIL-
LEBOIS (b) ſe ſignale , la victoire d'un vol ra-
pide accourt, & couronne COIGNY pour la ſe-
conde fois.

Alors le bruit ceſſa , & les pertes parûrent. Alors
la nature défigurée dans ſes enfans terraſſés ne
conſerva preſque aucun veſtige de l'humanité.
Morts & mourans confondus , cadavres, hommes,
chevaux, drapeaux dechirés, armes fracaſſées, dé-
pouilles teintes de ſang (c), guerriers abbatus qui
rappellant des forces expirantes ſe traînoient avec
peine & marquoient leurs traces de leur ſang.
Telles ſont les horreurs que me préſentent les
champs de Mars.

(a) *Furor illis ſecundum ſimili-*
tudinem ſerpentis. Pſal. 57.

(b) Le Marquis de Maillebois ,
Chevalier des Ordres du Roi , &
Lieutenant Général acheva la dé-

route des Impériaux à la bataille de
Guaſtalla le 19. Septembre 1734.

(c) *Violenta deprædatio & veſti-*
mentum, miſtum ſanguine erit in
combuſtionem. Iſay. 9.

D ij

O douleurs fans égale! En cet inftant mes yeux virent la mort fe repaître du plus cruel fpectacle qui fut jamais. Elle mit impitoyablement d'un coup de fa faulx, D'AFFRY, MONJEON, JUIGNE', & GUEBRIANT au rang de fes fujets (a). Sa rigueur inflexible envenima les coups dont plufieurs étoient frappés. Tels furent CLERMONT, DE CHATTE, D'AUARAY, PEZE' (b) qu'elle marqua d'un figne funefte. LANION, HARCOURT, LOUVIGNY, D'ESTAING, BOISSIEUX, LA MOTTE, PARABERE, ARMENTIERES, VILLEMUR, SOUVRE', TESSE', FODOAS, & GUERCHY (c) auroient été des nouvelles victimes à fa cruauté, fi Efculape qui les lui enleva, ne les eut fauvé par fes foins affidus. Ainfi de ces HEROS, les uns enfevelis dans leur victoire triompherent de la mort en tombant fous fes coups; les autres victorieux de fes attentats virent éclater leur triomphe; & tous mériterent que l'hiftoire également judicieufe & reconnoiffante les plaçât dans fes faftes immortels.

Mais pourquoi fais-je l'éloge de ces hommes

(a) Officiers Généraux tués fur le champ de bataille.
(b) Officiers Généraux morts peu de temps après.
(c) Officiers Généraux bleffés dans l'action.

que la diſcorde a armés? Dois-je des louanges à
qui ſert ma rivale?& la paix peut-elle juſtifier la
guerre? N'en doutés pas, Mortels, le Dieu par
qui je regne ſe nomme le DIEU DES ARME'ES (a);
mais il eſt le DIEU DE LA PAIX(b) par excel-
lence. Il eſt le Dieu des armées pour punir les
crimes des peuples, ſe vanger des uns par les autres, marquer aux Grands les bornes de leur pouvoir, apprendre aux Rois qui commandent dans
differens coins de la terre, qu'il n'y a qu'un ſeul
Souverain, celui dont ils tiennent leur puiſſance,
celui qui renverſe les trônes & qui les releve;
celui qui briſe les ſceptres dans la main des Mo-
narques,& qui tranſporte leurs diadémes à d'autres Princes; celui qui efface les Empires, & qui
fonde les Republiques ſur leur débris; celui qui
tient le cœur des Rois dans ſes mains (c) & qui
le tourne comme il lui plaît; qui réprouve ſou-
vent leurs conſeils (d); qui fait échoüer les projets des Nations (e); qui confond les déſirs des

(a) Deus exercituum eſt. Iſay. 1.
(b) Deus pacis & dilectionis. 2.
Corinth. 13.
(c) Cor regis in manu Domini
quocumque voluerit, inclinabit illud.

Prov. 21.
(d) Dominus reprobat conſilia
principum. Pſal. 32.
(e) Diſſipat conſilia gentium. Ibid.

peuples (*a*) : en un mot l'ETERNEL qui fit tout par fa parole (*b*) , & qui peut tout anéantir d'un feul acte de fa volonté. Voilà le principe & la fin.

Ainfi les hommes livrés aux paffions méprifent-ils fes loix pacifiques : Ce DIEU les livre à la difcorde. L'intérêt excite l'ambition, l'ambition enfante l'injuftice, l'injuftice amene la guerre, la guerre fe fait fuivre des deux fleaux qui l'accompagnent, & la difcorde mere de tant de monftres, n'épargne rien pour établir de tels enfans.

Achevons de dévoiler fes noirceurs. Combien de fois enfermant dans des murs imprenables des hommes courageux dont elle vouloit fubjuguer la liberté, les a-t-elle réduits aux dernieres extrémités. Reprefentez-vous à fes approches THEMIS intimidée dans fes Arrêts, la PIETE' tremblante pour fes Autels, la PUDEUR allarmée & fouvent deshonorée dans fon plus fûr azile. Une place refifte-t-elle ? c'en eft affez ; plus de grace a attendre ; le prix de fa valeur fera la fervitude. Il faudra plier fous fes efforts redoublés. Tantôt elle élance jufqu'aux cieux l'airain & le fouffre embra-

(a) *Reprobat autem cogitationem populorum.* Pfal. 32.

(b) *Qui fecifti omnia verbo.* Sap. 9.

fé , qui tombant avec plus. de violence accable toujours des Citoyens infortunés. Tantôt le feu qu'elle cache dans des souterrains affreux ouvre soudain des précipices , & enfevelit fous les mêmes ruines & l'affiegeant & l'affiegé. O combien fa fureur a-t-elle defolé de monumens celebres que j'achevois d'élever avec autant d'art que de magnificence, & dont on déplore aujourd'hui les débris en les admirant (*a*). Combien d'enfans du genie ; nobles efforts d'un peinceau hardi & délicat ; (*b*) ouvrages du goût & de la perfection ; écrits dignes de l'immortalité, que mériterent leurs auteurs, ont péri par fes incendies & fes flammes. (*c*) Combien de larmes n'a-t'elle pas fait, & ne fera-t'elle pas toûjours verfer aux fçavans, fur des cendres fi refpectables:

Tant de maux ne font encore que les préludes de ceux qu'elle prépare à de vaillans affiégés. Elle

trace des lignes, ouvre des tranchées, détourne le
cours des rivieres pour les reſſerrer. La peur conſ‑
terne l'habitant ; & le fer ravage les campagnes.
Sa colere confond tout : L'age, & le ſexe ; le viel‑
lard courbé ſous le poids des années, & l'enfant à
la mamelle. (a) Impitoyable à leur cris, ſourde à
leurs prieres, (b) du ſein de l'abondance inſultant
à leur faim, elle leur ravit encore les moyens de la
ſatisfaire. Furieuſe, elle porte le feu dans les ma‑
gaſins de leur ſubſiſtance ; ou coupe par le fer les
ſecours qui leur viennent. En vain, forcés de ſe
nourrir d'une ſubſtance qui révolte également la
nature & le goût, ces ſquellettes animés paroiſ‑
ſent ſur des remparts pour les défendre ; en vain,
manquans plûtôt de force que de courage, les voit‑
elle tomber en défaillance ; & les yeux éteints im‑
plorer des ſecours contre la faim & la ſoif qui les
devore. En vain, voit‑elle leur deſeſpoir invoquer
la mort ; cette mort, que chacun fuit, & redoute
comme le dernier des maux : Un ſpectacle ſi
touchant n'amollit point ſa dureté ; elle jure leur

(a) *Foris vaſtabit eos gladius,*
intus pavor, juvenem ſimul ac vir‑
ginem, lactentem cum homine ſene. Deut. 32.
(b) *Sicut aſpidis ſurdæ obturan‑*
tis aures ſuas. Pſal. 57.

perte ;

perte ; elle la veut ; elle l'obtient ; & des remparts forcés, pour n'être plus défendus, n'offrent enfin au vainqueur qu'une affreuse solitude, & une vaste désolation. (a) Guidée par l'Avarice, elle détourne les yeux de tant d'horreurs, pour porter ses mains sur des tréfors abandonnés ; mais bientôt punie elle - même des malheurs qu'elle a causé, les dépoüilles des malheureux lui deviennent funestes : Ses enfans sont frappés des traits les plus envenimés de la contagion ; elle les voit le teint livide & pâle, gémir d'un triomphe inutile, vanger la mort des vaincus par la leur ; & contrainte d'abandonner tant de butin & de richesses, pour sauver le reste de ses enfans. Elle fuit enfin, loin des murs qu'elle a soumis ; ainsi le prix de ses forfaits lui échappe, & les vaincus mettent en fuite les vainqueurs.

Delà moins épouvantée des horreurs qu'elle a vû, qu'enyvrée de ses tristes succès, elle vole aussitôt dans le camp, qui rassemble ceux qui suivent ses loix. Elle leur porte la nouvelle de ses nouveaux avantages ; elle ne les entretient que du recit des combats qu'elle a livré ; elle compte combien de

(a) *In loco horroris & vasta solitudinis.* Deut. 32.

E

Chefs & de Soldats font tombés (a) dans la mê-
lée ; & nourriſſant leurs cœurs d'une ardeur ſanguinaire, elle leur fait pouſſer des cris d'allegreſſe,
où il faudroit des larmes. Quelle horrible réjoüiſ-
ſance ! Les peuples n'ont plus de joyes communes.
Je vois les uns ſe réjoüir des malheurs des autres ;
oublier que leur victoire achetée d'un ſang précieux à l'Etat, ne vaut pas ce qu'elle coûte ; orner
leur tête d'un laurier rougi du ſang de leur compatriotes, & chanter des ſuccès qu'ils devroient
enſevelir dans l'oubli. Eſt-il aveuglement plus dé-
plorable ?

Laſſée de cauſer des maux & de les partager,
la Diſcorde rentrera-t'elle donc aux enfers qui
l'ont vomie ? Non, non ; ſi elle ſuſpend ſes fureurs
ſur la terre, c'eſt pour agiter à ſon tour l'Empire
de Neptune. (b) ſuivons-là de l'œil : La voyez-
vous ? Elle court de rivage en rivage, de rade en
rade ; ſeme l'allarme de port en port. Elle éveille
le matelot tranquille, elle équipe des flottes formidables ; le marchand en pâlit d'éfroy, l'Indien

---

(a) *Ceciderunt vulnerati, cecide-*
runt interfecti ſeptem millia. 1. Reg.
17. 31.

(b) *Faciamus ad mare bellum*
4. Eſdr. 4.

tremble pour fon or, la navigation (*a*) pour fa liberté, le commerce pour fes richeffes ; & le nouveau monde craint de fe voir engagé malgré lui
dans les querelles de l'Europe. A peine ces CITA-
DELLES AMBULANTES ont elles vû enfler leurs
voiles, que la frayeur qui les devance, écarte les
flots & le négoce. (*b*) Le pilote allarmé (*c*) con-
fulte moins le pole, qu'il ne craint de découvrir
le pavillon ennemi : Il redoute moins les rochers
& les bancs, que les feux & les brûlots qui le pour-
fuivent; & fi à la lueur de tant d'éclairs, il rentre
une fois dans le port, la crainte du naufrage & de
la fervitude, l'empêche de fe commettre à de nouveaux hazards.

Dès-lors le commerce languit triftement ; le
marin diligent ne va plus prevenir l'aurore, (*d*) ni
chercher l'aromâte en des climats étrangers : La
perle ne fe pêche plus ; le diamant n'arrive plus ; la
cargaifon refte fur le rivage ; l'Abondance captive
dans fes ports (*e*) ne trouve plus ces hommes cou-

(*a*) *Ululate naves maris quia
devaftata eft fortitudo veftra.* Ifay.
23.
(*b*) *Defertum faciam mare.*
Ifay. 50.
(*c*) *Et timuerunt nautæ.* Jon. 1.

(*d*) *Claffis regis ibat Tharfis per
tres annos deferens, inde aurum &
argentum & ebur, & fimias & pa-
vos.* 3. Reg. 10.
(*e*) La Flotille & les Galions
retenus à Portobello.

rageux, accoûtumés d'affronter pour elle des dangers sans nombre : Ce ne sont pas les écuëils, c'est la Guerre qui les éfraye.

Ainsi le vaste Ocean se voit tout à coup moins agité par son reflux, que par les orages de la Discorde. Ce n'est plus un port opulent (a) plein de nations commerçantes, rassemblées par l'intereft, & unies par la bonne-foy; ces images agréables disparoiffent, & cedent la place à des cohortes marines qui la défendent. Ce ne sont plus des pêcheurs (b) qui manient un ameçon utile, & qui réjoüiffent la côte par des filets abondans ; ce sont des milices armées, pour en prévenir l'irruption ; ce n'est plus une banque lucrative, où le change facilite le commerce en l'enrichiffant ; ce sont des chantiers (c) où se conftruifent ces tours énormes, ces ISLES FLOTTANTES, qui du milieu des ondes vomiffent le feu & la mort. Par tout on arme : ALBION, LE BELGE, LE SCITE, LE GOTH, LE MOSCOVITE, L'IBERIEN, LE GAULOIS, difpofent

---

(a) *Cujus divitiæ mare. Nah.* 3. 8.

(b) *Merebunt piscatores & lugebunt omnes mittentes in flumen hamum, & expandentes rete super faciem aquarum emarcefcent.* . . . .

Confundentur qui operabantur linum pectentes & texentes fubtilia. Ifay 19.

(c *In fabricam navium. . . . feci naves bellicas.* 2 .*Mach.* 4. 1. *Mach.* 1 5.

leurs flottes. Laiſſons ces peuples divers ſuivre les loix de la Diſcorde, ou s'oppoſer à ſes entrepriſes. Revenons : J'entens Louis qui me rapelle ; par lui la Diſcorde punie eſt ſur le point de quitter l'Europe : Elle court pour rompre des négociations pacifiques entre-deux puiſſans Empires ; elle va faire évanoüir l'Eſperance de mon retour dans des climats brulans ; rallumer les feux de l'Aſie, & prolonger une guerre qui eſt ſon ouvrage ; elle y réuſſit, je le vois : Ces BARBARES accoûtumés à ſon joug, prêtent volontiers l'oreille à ſes ſéductions ; & LE PERSE eſt de nouveau aux priſes avec le CROIS-SANT. (a)

Détournons nos regards ſur des objets indignes : Obſervons les bords du Rhin. Pourquoi ces mouvemens ? On ſe diſpute des quartiers. Ah ne me ſuis-je point trompée ? J'ay crû entendre la voix de Louis, & je n'entens que des bruits & des allarmes. Je vois BELLEISLE (b) plein de courage & de bravoure, qui prévient la ſurpriſe d'une PLA-

(a) Propoſitions de Paix infruc-
tueuſes : Guerre recommencée contre le Perſan & le Turc.
(b) Le Comte de Belleiſle, Chevalier des ordres du Roy & Lieutenant general, commandoit un
corps de troupes ſur la Moſelle
1735.

E iij

CE importante. (*a*) C A U S A N, (*b*) qui fiérement
posté sur un pont en dispute l'approche, justifie
par sa valeur le choix du GENERAL. Et S E K E N-
DORF (*c*) déconcerté par l'habileté de BELLEISLE,
ne sçait s'il doit avancer ou reculer. Le Desespoir
qui en paroît dans ses yeux me présage un nouveau
combat. Déjà les armées sont en présence ; les
combattans se menacent, la nuit seule retarde
l'action, le soldat n'attend que le retour de l'Aurore pour discerner l'ennemi, & frapper des coups
surs. Dans cet affreux intervalle on se canone, la
foudre gronde, le feu brille : mais au plus fort de
l'orage une voix puissante (*d*) tonne, & fait naître
le calme. Louis m'appelle : Je l'entens, c'est lui-
même, ce Prince équitable enchaîne la Discorde : Tel d'un seul mot, le D I E U D U T R I D E N T
appaise les tempêtes.

Quel prodige imprévû ! L'eussions - nous crû.

(*a*) Treves capitale de l'Electo-
rat de ce nom ; au pouvoir des François depuis 1734.

(*b*) Le Chevalier de Causan, gou-
verneur de S. A. S. le feu Comte
d'Alais & Colonel-Lieutenant du
Regiment de Conti ; Infanterie.
1735.

(*c*) Le Comte de Sekendorf,
general des Imperiaux sur la Mo-
selle en Octobre 1735.

(*d*) *Vox Domini confringentis
cedros. Vox Domini intercidentis
flammam ignis.* ..... Psal. 28. *Vox
exultationis & salutis.* Psal 117.

Quel coup subit de lumiere perce nos ténébres!
L'eussions-nous espéré. A la voix de Louis, l'arc
d'alliance orne le Ciel, la Fureur qui agite les hommes, suspend ses accès. BELLONE desarmée vient
poser les armes (a) aux pieds du MONARQUE pacifique & victorieux. Les PRELIMINAIRES (b) de
mon retour se signent : Je descens enfin, mais helas trop tard pour l'illustre CHAROST ! (c) Un ins-
tant plûtôt, je sauvois le chef d'une NOBLE RACE
des portes du trépas . . . . Mais essuyons des
pleurs que son grand cœur desavoüe, son sang
acheve de sceller le repos de l'Europe : (d) Il est
d'un HEROS de se sacrifier pour le bonheur public.

Bornons à cette mort glorieuse le tableau de
nos malheurs. La Guerre teinte du sang des hommes en a assés troublé le repos; tirons un voile

---

(a) Armistice conclu en Octobre & publié en Allemagne à la tête
des armées le 5. Novembre 1735.

(b) *Pacis ineunt consilia* Prov.
20.

(c) Le Marquis de Charost tué
en Allemagne, la nuit avant la Pu-
blication de l'Armistice.

(d) *Ego hoc fœdus ferio.* Deut.
29. 14.

épais fur tant d'horreurs : Et fi le recit des maux caufés par la DISCORDE vous a fait frémir ; peuples, refpirés : Il eft tems ; la PAIX va nous prouver fes avantages & fes douceurs.

Fin de la premiere Partie.

ELOGE

NEC PLURIBUS IMPAR

S. Thomassin Sculptor Regius

ELOGE
DE LA PAIX.

COUTEZ, Cieux, Terre faites silence, (a) & vous, peuples, rendez-vous attentifs à mes paroles. (b) Touché de vos malheurs, & sensible à mes larmes, le Seigneur a rappellé ses anciennes misericordes & s'est souvenu de mon nom. (c) AIMABLE PAIX, m'a dit ce Dieu puissant, va consoler les hommes;

(a) *Audite cœli quæ loquor audiat terra verba oris mei.* Deut 32.
(b) *Audite insulæ, attendite populi de longe.* Isay. 49.
(c) *Dominus vocavit me . . . & recordatus est nominis mei.* Isay 49.

F

(*a*) fois le gage de mon alliance avec eux ; tu es
ma fille bien-aimée : Tu m'as prié de faire ceffer
l'aveuglement des mortels : Je t'ai écoutée ; j'ai
calmé leur fureur, j'ai fait repofer le glaive (*b*) ;
Les combats ont ceffé (*c*) ; Le fang humain ne
coule plus : Va exalter le Dieu qui fait feul tant
de merveilles. (*d*) Va achever mes prodiges : Va régner fur la Terre, rétablir l'ordre, rebâtir les villes, (*e*) réparer les ruines, effuyer les larmes, &
ramener l'Abondance & la Joye. Pars : Que tes
charmes te rendent victorieufe en tous lieux ; que
ton éclat éblouïffant mette la Difcorde en fuite ;
change la face de l'Univers ; va dire aux captifs,
fortés de vos prifons (*f*) revoyés la lumiere, je
brife vos chaînes, vous voilà affranchis pour toûjours du joug de vos ennemis. Apprens aux hommes que c'eft le DIEU DE LA PAIX, extermina-
teur de la GUERRE, (*g*) qui après avoir mis la

(a) *Ut confolarer omnes lugen-*
tes. Ifay. 61.
(b) *Ceffavit gladius in Ifrael.*
1. Mach. 9. 75.
(c) *Terra ceffavit à præliis.* Jof.
14.
(d) *Qui facit mirabilia folus.*
Pfal. 71.

(e) *Et inftaurabunt civitates de-*
fertas & diffipatas.... & ruinas
antiquas erigerent. Ifay. 61.
(f) *Ut diceres his qui vincti funt,*
exite, & his qui in tenebris, reve-
lamini. Ifay. 49.
(g) *Dominus conterens bella.*
Judith. 16.

Captivité même dans les fers, (*a*) vient les visiter & les combler de ses dons. Apprens leur à meriter la continuation de mes bien-faits, qu'ils m'aiment, qu'ils m'adorent, qu'ils me servent, & ils feront heureux.

Ainsi a parlé le Dieu des Dieux ; (*b*) il a appellé la Terre, & la Terre prosternée devant lui a adoré ses oracles, & souscrit à ses ordres. Peuples, c'est donc par moi que doit s'achever votre bonheur. Je le dis, & dès à-present je commence : quel heureux changement pour vous (*c*) ! je leve les barrieres qui vous divisoient, je romps les liens de ces hommes belliqueux, qu'une fortune contraire avoit mis dans les fers, je desarme les milices : je licencie l'artisan & le laboureur, qui fatigués de suivre les drapeaux de Mars parmi les feux & les allarmes, retournent en chantant à leurs occupations pacifiques. Quelle sera la joye de leur proches, de leurs amis, de les revoir contre toute esperance ! Voyés ces habitans rustiques, qui célébrent l'heureux retour de leur compatrio-

---

(a) *Captivam duxit captivitatem dedit dona hominibus* Eph. 4.
(b) *Deus deorum locutus est &* *vocavit terram.* Psal. 49.
(c) *Dixi nunc capi, hæc mutatio dexteræ excelsi.* Psal. 76.

tes, échapés des fureurs de la Guerre. Ce ne font
là que les préludes du bonheur que je prépare aux
mortels, de plus grands avantages fuivront de
près.

Déja les mêmes inftrumens, qui par leur bruit
martial animoient le foldat au carnage, retentif-
fent & annoncent mon retour. Des arcs de triomphe chargés de fleurs & de parfums, ornent ma
route: les Mufes interprêtes de l'allegreffe publique, les décorent d'infcriptions & de devifes, dont
l'emblême eft la félicité des peuples : Ceux-ci empreffés à me rendre leurs hommages, accourent de
toutes parts. Quel jour brillant pour moi ! Je pa-
rois avec toute la pompe d'un vainqueur, d'autant
plus illuftre, que mon triomphe n'eft point obf-
curci par l'appareil des captifs. Loin de les voir
attachés à mon char, leurs fers brifés font les preuves de ma clemence, & la Liberté qui les délie,
répand fur leur front cette férénité qu'on ne vit
jamais fur celui des malheureux. Les Ris & les
Jeux me devancent, les Fêtes & les Plaifirs m'accompagnent ; la Sureté & l'Abondance me fuivent : Plus de rebelles, mille & mille voix chan-

tent la PAIX victorieufe de la DISCORDE, les
fleurs naiffent fous mes pas, l'encens fume fur mon
paffage, & les acclamations réïtérées de mes veri-
tables fujets, témoignent que tout eft foumis à
mon Empire.

Au milieu de tant de gloire, j'oublie les jours
ténébreux qui éclipferent la mienne : J'oublie mon
éxil : Je régnerai, PEUPLES, c'en eft fait, vous
allés éprouver la douceur de mes loix.

HOMMES INDUSTRIEUX éveillés-vous : Je
rétablis le Commerce, la Guerre n'abforbera plus
vos richeffes, rouvrés vos manufactures, fabriqués
vos étoffes fuperbes, variés-en la magnificence par
le goût, le travail de vos mains fera récompen-
fé, & vous ne languirés plus dans un loifir-indi-
gent.

HOMMES LABORIEUX qui fûtes ma gloire, (a)
levés-vous. Je rétablis le Commerce, (b) les vents
font favorables, les flottes ennemies n'agitent plus
l'Empire de NEPTUNE, les armateurs ont difparu,
partés : La Confiance que je vous donne pour gui-

(a) *Exurge gloria mea exurge.*
Pfal. 56.
(b) En 1724. établiffement

d'une bourfe ou place de change,
ruë Viviene à Paris.

de, écartera les allarmes, les rivages lointains vous attendent, l'Abondance vous tend les bras : Allés échanger L'Or contre L'Airain, le Fer contre L'Argent, (a) le Bois contre le Cuivre, & le Metail contre le Marbre : Deſormais vous n'aborderés aucune Plage où vous ne trouviés le régne de la Paix. Déja les Nations réconciliées n'en font qu'une, les Peuples réunis ne compoſent qu'une ſeule famille : Digne fruit de mes ſoins! Achevons d'aſſurer le repos du monde par des négociations pacifiques. Il eſt juſte que les mêmes mains qui ont travaillé à chaſſer la Diſcorde, préviennent ſon retour en rompant ſes intrigues. Après avoir vaincu par l'épée, le Heros guerrier doit triompher par la plume, & devenir le Heros de la Paix. Par-là la nobleſſe également remplie de valeur & d'habileté, prouve que rien n'eſt impoſſible aux grands cœurs

Peſons ici l'un & l'autre heroiſme : Le Politique & le Guerrier courent une égale & penible carriere. Si l'un reſout, l'autre execute, ſi

---

(a) *Pro ere afferam aurum, pro ferro afferam argentum & pro lignis as, & pro lapidibus ferrum, &* | *ponam viſitationem tuam, pacem, & propoſitos tuos juſtitiam.* Iſay. 60.

l'un medite, l'autre agit, si l'un forme des projets dans sa tête, l'autre les réalise par son bras, leurs soins reciproques concourent à une même gloire : Le Courage, l'Intrepidité, la Force, la Témérité, l'Adresse, la Bravoure font le GUERRIER. Le Jugement, la Réfléxion, la Prudence, la Prévoyance, la Modération, l'Esprit de conseil & de ressource font le POLITIQUE. J'ai loüé la Valeur : Mais faut il opter ? J'aime mieux les Vertus tranquilles, & je couronne ici le POLITIQUE (a).

Quel concours de talens ne faut-il pas, en effet, pour former l'habileté d'un Ministre ? Que de soins, que de travaux pour éclairer toutes les démarches de la Discorde, ruiner ses projets, rompre ses intrigues, prévenir ses cabales, barrer ses desseins : Il sait que déguisée sous cent replis tortueux, elle se glisse dans les Cours, & tente d'y régner par toute sorte de voyes. Tantôt elle fait parler l'Ambition qui inspire les conquêtes ; & tantôt elle emprunte la voix de la Vengeance pour laver des

(a) Le ministere present sera toujours glorieux à la France ; puisqu'en moins de trois ans de guerre qui ont soutenu d'une maniere éclatante l'honneur du Roi & de la Nation, ce ministere par ses habiles négociations concilie tant d'intérêts opposés, & agrandit l'Etat de deux Provinces qui auroient été une source de division & de guerre si on les eût envahies par droit de conquête.

prétendus affronts : Ici fe couvrant du manteau de
Médiatrice, elle enveloppe fes négociations ténébreufes, & trame des ligues pour le maintien d'un
équilibre chimerique : Là c'eft un article captieux,
dont elle profite pour fouffler le feu de la Diffenfion. Quelquefois elle accrédite fourdement ces
maximes damnables , que la foy des traités n'eft
pas inviolable ; que les conjonctures & les raifons
d'Etat difpenfent de tout : Tandis qu'en public elle
ne parle que de paix, (*a*) d'amitié, d'alliance &
d'union : Tantôt fur des bruits répandus par fes
foins, elle fouffle les défiances & les foupçons ; &
tantôt faififfant l'occafion d'une préféance orgüeilleufe, elle épuife l'art des congrez, & fait naître
à propos des obftacles à la fignature d'un traité
qu'elle fait enfin avorter par fes lenteurs & fes
remifes.

Anges tutelaires des Empires, (*b*) Minis-
tres, qui fous le nom de Louis, difperfés dans les
Cours Etrangeres, préfidés au repos du monde,
apprenés-nous quelles qualités peuvent rendre un
Negociateur habile ; votre prudence & votre

(a) *Verba pacifica in dolo.* 1. | (b) *Angeli pacis.* Ifay. 33.
Mach. 3.

fageffe,

fageffe, qui eft la preuve de celle qui vous mît en
placé, vous le permettent.

Il faut que fuperieur en lumiere, fa perfpicacité
pénétre d'un clein d'œil les murs du cabinet, &
ceux qui le dirigent ; & qu'après avoir dévélopé les
refforts de l'un, & le caractere des autres, il cache fa découverte fous le voile de la Diffimula-
tion. Il faut que plein de véhémence, il faffe parler & refpecter les loix ; qu'il faffe taire l'Ambition, qu'il intimide la Vengeance ; que fe livrant
aux mouvemens impetueux de fa probité naturelle, il établiffe la bonne-foy comme le plus folide
fondement des traités, & la Juftice comme le feul
appuy des Empires. (*a*) il faut que plein de perfua-
fion il écarte les Défiances & les Soupçons ; qu'il
prévienne adroitement les ruptures ; qu'il diffimule
les négligences ; qu'il fe roidiffe contre les obftacles, qu'il enchaîne le fecret, (*b*) qu'il arrête les
lenteurs ; & qu'enfin fa balance impartiale pefe les
interêts refpectifs à la vûë d'un chacun ; qu'il faffe

(*a*) *Juftitia elevat gentem.* Prov.
14.

   (*b*) La loi du fecret qui eft la partie la plus effentielle de la politique
n'a jamais été mieux obfervée que
fous le miniftere préfent ; ce qui de
l'aveu d'un Miniftre étranger prouve qu'on ne vit jamais de génies plus
fupérieurs foit dans le cabinet, foit
dans les Cours étrangeres. L'exemple du Souverain inflüe beaucoup ;
car parmi les vertus du Roi on remarque celle de fçavoir penfer & fe
taire.

G

aimer fon équité, eftimer fa droiture, admirer fon
habileté ; & que le fruit de fes négociations pacifiques, foit des alliances avantageufes, & une Paix
(a) conftante & durable.

Tels font mes Miniftres caractérifés dans toutes les Cours de l'Europe : Mais tandis que ces Ar-
gus politiques veillent à mes interêts, la Sageffe
veut que pour prévenir les irruptions fubites, je
repare & fortifie mes places frontieres : Car ce que
l'ennemi ne peut par la force, il l'entreprend fouvent par la furprife ; & c'eft pour arrêter fes attentats, & mettre un frein à fon audace, que j'éléve des
forterefles menaçantes ; (b) elles ne nuifent point
au commerce, elles le favoriffent, elles l'affurent ;
elles ne bornent que la révolte & les factions.

Ainfi contente d'avoir pourvû à la fûreté de
mon Empire, & impatiente de revoir Louis, je
me rends à fon trône : De quel éclat nouveau les
Vertus que j'y ai laiffé, n'ont-elles pas orné ce
Roy pacifique. J'y trouve la Justice mon alliée :
Nous nous revoyons ; je l'embraffe : (c) Louis
qui nous cherit également approuve nos ten-

(a) *Creavi fructum labiorum pa-*
cem. Ifay. 57.
(b) *In petra exaltafti me. . . .*
turris fortitudinis à facie inimici.

Pfal. 60.
(c) *Juftitia & pax ofculatæ*
funt.

dreffes ; fe mêle à nos embraffements, & nous at-
tache à lui par des nouveaux Liens. Alors la Jus-
TICE me fait voir les droits du Monarque pefés
au poids du fanctuaire, & trouvés conformes à
l'équité : LA FORCE victorieufe s'applaudit de les
avoir foutenus par fes armes ; & la PRUDENCE qui
me tend les bras, m'apprend que fon empreffement à me revoir a feul arrêté le cours de fes
victoires.

Que de gloire, que de fplendeur environne ces
lieux ! Une Cour brillante les embellit ; le Fafte innocent, la Beauté modefte, & la noble Pudeur
m'annoncent que la Sageffe y préfide fous les
exemples d'une REINE auffi féconde que ver-
tueufe. J'y vois UN PRINCE (a) Religieux, courageux, genereux & brave, élû par fa nation adoré
de fes peuples, eftimé de fes rivaux, facrifier fes
interêts les plus chers (b) au repos de fes fujets,
& choifir de lui même un temperament, qui fans
dégrader fa grandeur & fa gloire, l'établit incon-
teftablement, l'orne d'un nouvel éclat, & don-

(a) Staniflas Leszczinski. I. Roy
de Pologne, grand Duc de Lithua-
nie, &c.

(b) Abdication du trône de
Pologne, faite par Staniflas I. à
Koninfgberg, le 28. Janvier 1736.

G ij

ne la paix à toute l'Europe. J'y vois une PRIN-
CESSE, époufe AUGUSTE, (*a*) fectatrice des plus
aufteres vertus; mere elle-même des vertus dont
SON SANG affis fur le premier trône du monde,
donne l'exemple. J'y vois le fils de LOUIS, dont
l'efprit & le cœur formé fur fes vertus par des
mains habiles, prépare le bonheur de la race fu-
ture. J'y vois un MINISTRE (*b*) infpiré par la
Religion, guidé par la Prudence, dont le miniftere fondé fur la plus faine politique, égale ceux
D'ARMAND & DE JULES, l'affocie à leur même
grandeur dans une même place, & acheve de former ce TRIUMVIRAT heroïque, qui fera à jamais
le modéle des Miniftres des fiécles futurs, en ce
qu'il ne travaille que pour la gloire de fon ROY,
comptant que l'éclat qui en rejaillira fur lui, fera
toûjours une affez digne récompenfe de fes travaux. J'y vois. . . . . mais le MONARQUE merite
ici tous mes regards.

PRINCE, dont la modération arrête la Victoire,
& dont la Victoire même admire la modération ;
c'eft par l'une & l'autre que vous êtes aujourd'hui

(*a*) Catherine Opalinska, Rei- | Cardinal & premier Miniftre en
ne de Pologne, &c. | 1726.
{ *b*) André Hercule de Fleury, |

L'ARBITRE du monde. On vous nommera à l'a-
venir le PRINCE DE LA PAIX, (*a*) puisque votre
amour me rappelle ; vous allez devenir le PERE
DU SIECLE FUTUR , (*b*) puisque vous épargnés
le sang qui doit lui donner la naissance. Votre
régne ne finira jamais ; (*c*) les peres raconteront
leur bonheur à leurs enfans ; ils leur apprendront
que par la profondeur de votre politique, L'AUS-
TRASIE (*d*) démembrée (*e*) de l'ancienne succes-
sion de vos augustes ayeux , rentre aujourd'hui
sous votre Empire : Que vous en assûrés la souveraineté (*f*) & la tranquille possession à un AUGUS-
TE MONARQUE pour prix de sa modération, & de
tous les sacrifices qu'il fait pour procurer la paix
à l'Europe. Ils leur apprendront que deux SCEP-
TRES (*g*) long-tems disputés & toûjours flottans ,

(*a*) *Princeps pacis.* Isay. 9.
(*b*) *Pater futuri sæculi.* Ibid.
(*c*) *Et regni ejus non erit finis.*
Ibid.
(*d*) Cession des Duchés de Lorraine & de Bar faite à la France par
le Duc de Lorraine en échange du
grand Duché de Toscane , & en
execution du traité de paix signé entre l'Empereur & la France en 1736.
(*e*) Par les enfans de Clotaire I.
Roi de France, à sa mort arrivée en
l'année 561. Sigebert I. fut le qua-
triéme Roi d'Austrasie.

(*f*) Duchés de Lorraine & de
Bar cedés en souveraineté à Stanis-
las I. Roi de Pologne par la France
1736.
(*g*) Les Royaumes de Naples &
de Sicile qui sont deux Etats des
plus riches, des plus agréables par
leur situation & leur climat, des plus
commodes par la quantité & la
sûreté de leurs ports , celui de Naples seul peut contenir 500. voiles
outre ses galeres. Ils sont encore des
plus fertiles, surtout la Sicile que Ci-
ceron appelle le grenier de l'Italie.

G iij les

paſſent par votre arbitrage à leurs légitimes HERI-
TIERS : (*a*) Que la réunion des deux Couronnes
à L'IBERIE, (*b*) ſource de tant de débats & de
guerres ceſſant , l'inquiétude de l'Europe ceſſe
avec elle. Et que VOSTRE SANG (*c*) par vous remis dans ſes anciens droits, revoit V E S U V E &
L'ÆTNA ſous ſa domination. Ils leur apprendront
que fidéle à vos engagemens , vos alliés partagent
vos avantages (*d*) après avoir partagé vos travaux
& vos ſuccès. (*e*) Ils leur apprendront qu'après
avoir montré votre puiſſance , vous faites paroître
votre deſintereſſement ; & que vous écoutés moins

Les troupes Eſpagnoles ont donné
des preuves de leur ancienne bravoure & courage dans la conquête de
ces deux Royaumes, tant aux ſieges
de Naples, Capouë, Gaëte, Meſſine,
Siracuſe, Trapani, &c. que dans la
célébre bataille de Bitonto donnée
le 25. Mai 1734. où elles rempor-
terent une victoire complette ſur les
Impériaux ſous les ordres de leur
intrépide Général le Comte aujour-
d'hui Duc de Montemar qui y fit
élever une piramide comme un mo-
nument à la gloire du Roi des deux
Siciles & de la Nation Eſpagnole ....
Voyez les Memoires du tems. Juin
1734.
(*a*) A un fils de la maiſon d'Anjou Bourbon , Dom Carlos I. Infant
d'Eſpagne.
(*b*) L'Eſpagne ainſi nommé par
les Anciens.

(*c*) Charles de Bourbon I. Roi
des deux Siciles couronné à Paler-
me le 3. Juillet 1735. reconnu par
les Cours de France, d'Eſpagne &
de Sardaigne.
(*d*) L'Empereur a cédé les Provinces du Tortonois, du Novarois ,
& des Langhes à Charles Emanuel
III. Roi de Sardaigne qui en a été
mis en poſſeſſion le 10. Septembre
1736. ſous la garantie de la France.
La derniere de ces Provinces rend
ce Prince Seigneur ſuzerain de plu-
ſieurs fiefs poſſedés par la Républi-
que de Genes.
(*e*) Les troupes du Roi de Sardaigne ont fort bien ſervi dans la derniere guerre en Italie, nomément les
Officiers qui s'y ſont fort diſtingués
par leur valeur en ſuivant l'exemple
de leur Prince.

l'ambition, que l'équité qui vous est naturelle. (a)
Voilà les merveilles d'un régne à peine commencé, que les peres raconteront à leurs enfans, &
que ceux-ci transmettront à la posterité la plus
reculée. (b) Ils admireront dans l'histoire ce que
nous admirons dans vous même. Quel tableau lu-
mineux pour eux ? Quel agréable spectacle pour
nous. Votre sagesse (c) met un frein aux passions
d'un âge impetüeux, & les renferme dans leurs
justes bornes. Votre renommée a ombragé la terre; les INSULAIRES étonnés contemplent votre
grandeur en silence; notre repos fait votre gloire; & si vous fûtes redoutable dans la guerre,
GRAND ROY, que vous êtes admirable dans la
paix. . . . . Vous dites, je veux que mon peuple
joüisse des avantages de la PAIX; (d) que la confiance revienne habiter avec lui; & que l'opulen-
ce & la joye égayent sans cesse le repos que je

(a) La Lombardie, le Man-
touan, le Parmesan & le Plaisantin
rendus à l'Empereur en Septembre
1736.
(b) Filii qui nascentur & exur-
gent narrabunt filiis suis. Psal. 77.
Gloriam regni tui dicent, poten-
tiam tuam loquentur. Psal. 14.
Et mirabilia tua narrabunt. Psal.
144.

(c) Impletus es quasi flumen sapientia, & terram retexit anima tua:
ad insulas longè divulgatum est no-
men tuum, & dilectus es in pace tua.
Eccli. 47.
(d) Et sedebit populus meus in
pulchritudine pacis, in tabernaculis
fiducia, & in requie opulenta. Isay.
32.

lui procure. O fentimens dignes d'un pere de la Patrie!

Peuples, beniffés l'auteur de votre félicité; il a mis la PAIX (a) pour barrieres à vos provinces, & la fertilité dans vos champs. Vous n'entendrés plus parler d'injuftice & de guerre; (b) la défo-lation ne viendra plus frapper à vos portes; les nations ne leveront plus le glaive contre les na-tions; (c) & les peuples gueris de leur fureur ne fe livreront plus des combats. Tranquilles dans la plus fuperbe des CAPITALES, dans peu vous ver-rés l'abondance ouvrir fon fein inépuifable, & pré-venir tous vos défirs! Portés vos regards fur les biens qui vous environnent? (d) Voyés l'affluen-ce des nations qui viennent vous apporter le tri-but de leurs richeffes; vos enfans arrivent char-gés des dépoüilles de l'Orient; (e) & vos filles

(a) Pofuit fines tuos pacem, & adipe frumenti fatiat te. Pfal. 147.
(b) Non audietur ultra iniquitas in terra tua, vaftitas & contritio in terminis tuis. Ifay. 60.
(c) Non levabit gens contra gen-tem gladium, nec exercebuntur ultra ad pralium. Ifay. 2.
(d) Leva in circuitu oculos tuos & vide. Omnes ifti congregati funt, venerunt tibi; filii tui de longè ve-

nient; & filia tua de latere furgent, tunc videbis, & aflues, & mirabi-tur & dilatabitur cor tuum, quande converfa fuerit ad te multitudo ma-ris, fortitudo gentium venerit tibi. Ifay. 60.
(e) Le Port de l'Orient qui eft en Bretagne eft un des plus renommé pour les richeffes qui y arrivent des Indes.

ornées

ornées du fafte de l'Afie, l'ennobliffent fous leurs
atraits. Déja le fouvenir de vos malheurs s'éface ;
votre cœur s'enfle à la vûë de vos profpérités : Venés, faifons-en un noble ufage, fecondés moi:
Les jeux & les ris arrivés en foule, vous préparent
les fpectacles les plus pompeux. Relevons d'a-
bord les arts & les fciences ; les plaifirs viendront
enfuite.

Il eft des génies que Minerve a pris foin d'orner de fes dons les plus rares, & que le plus grand
des Rois ne dédaigna pas de raffembler dans l'en-
ceinte même du trône. Excitons leur émulation
par un encens utile ; prodiguons-leurs nos bien-
faits & notre eftime : rien ne la mérita mieux.

Les uns (*a*) tantôt épurent & enrichiffent la
plus belle des L A N G U E S qui par fa nobleffe &
fa majefté devient tous les jours l'IDIOME des Etrangers de goût au fein même de leur patrie ; & tantôt
legers dans leur ftile tracent des peintures agréables qui délaffent, inftruifent & forment l'efprit.

(*a*) L'Académie Françoife établie
en 1635. par Armand-Jean Cardinal Duc de Richelieu qui mourut en
1642. Le Chancelier Seguier lui
fuccéda dans la qualité de protecteur de cette Académie : mais à la
mort de ce Magiftrat, le feu Roi
Louis XIV. voulut bien s'en déclarer le protecteur, & la loger dans le
Louvre. Le Roi en eft à prefent le
protecteur.

H

Les autres (*a*) profonds dans leurs méditations enfantent ces heureux SYSTEMES qui soumettent les cieux & la terre à leurs connoissances.

Ceux ci pleins d'un enthousiasme sacré animent la NATURE (*b*), & la trompent souvent elle-même sous le voile de l'illusion.

Ceux-là inventent ces MECANIQUES utiles qui abregent à la navigation, aux ARTS (*c*) & au commerce bien des fatigues & des travaux.

Les uns élevent des EDIFICES (*d*) superbes, des Monumens somptueux où le goût triomphe jusques dans les moindres parties.

Les autres chargés d'en éterniser la mémoire les ornent des INSCRIPTIONS (*e*) les plus riches & les plus heureuses; & par un utile contraste à mesure que les uns étudient les temps à venir, ceux-ci débrouillent l'obscurité des siecles passés, & developpent le cahos de l'antiquité sçavante dans ses restes précieux.

(*a*) L'Académie Royale des Sciences établie en 1666. le Roi en est le protecteur.

(*b*) L'Académie Royale de Peinture & Sculpture, établie en 1648. Le Duc d'Antin en est le protecteur.

(*c*) L'Académie des Arts sous la protection de S. A. S. Monseigneur le Comte de Clermont établie en 1730.

(*d*) L'Académie Royale d'Architecture établie en 1671. Le Duc d'Antin en est le protecteur.

(*e*) L'Académie Royale des Inscriptions & des Belles-Lettres établie en 1663. Le Roi en est le protecteur.

Tous enfin concourent par leurs talens à former ce corps de lumiere qui, femblable au Soleil de toutes les intelligences, répand fur elles des influences qui les rendent fécondes; & leur fécondité forme à fon tour un rayon communicatif qui ferre les liens de cette focieté univerfelle qui ne s'entretient que par le commerce de l'efprit.

HOMMES ACADEMIQUES, enfans du goût, reprenés vos nobles occupations: c'eft la PAIX qui vous l'ordonne. Le bruit des armes ne troublera plus votre loifir; les cris de guerre n'interrompront plus vos doctes entretiens; les arts difperfés fe réuniffent & trouvent un PROTECTEUR (*a*) généreux dans le rival de MARS, & le favori de BELLONE. Pouvoit-il ce Heros me donner une preuve plus fenfible de fon amour. Les provinces EMULES (*b*) de votre gloire attendent que vous leur donniez le ton. Vous êtes leur guide, elles vont devenir vos RIVALES; commencez (*c*), l'Europe attentive prête l'oreille à vos

(*a*) L'Académie de Marfeille fondée par le Maréchal Duc de Villars 1726. Prix fondé par le même 1731. Le Duc de Villars en eft le protecteur.

(*b*) Académies Françoifes & des Sciences d'Arles, de Soiffons, Villefranche, Nifmes, Angers, Touloufe, Caën, Montpellier, Lyon, Bordeaux, Marfeille, la Rochelle.

(*c*) *Incipite Domino in timpanis, cantate Domino in cimbalis, modulamini illi pfalmum novum.* Judit. 16.

H ij

concerts; charmés - la, étonnés - la, raviffés - la, &
que fon admiration extatique ne lui laiffe rien à
défirer pour la perfection des Sciences & des
beaux Arts.

Déja à l'aide de plus d'une induftrieufe main,
je releve des monumens abbatus, j'acheve ceux
que la guerre avoit interrompû; je répare les ruines des ans. Ma magnificence brille partout : j'infpire DEUX MAGISTRATS vigilans dans leurs foins
mutuels pour la Patrie; l'UN (a)attentif à y main-
tenir l'abondance (b), perfectionner l'ordre (c),
& procurer la fûreté (d), fe repofe fur l'AUTRE
du foin de l'embellir & de la rendre commode.
Et CELUI-CI (e) guidé par le goût dans toutes fes entreprifes, rend cette REINE des Pro-

(a) M. Hérault Confeiller d'Etat,
& Lieutenant general de Police depuis 1725.

(b) Tout ce qui a rapport au com-
meftible eft du département de la
Police.

(c) Par les foins de M. Hérault
Lieutenant de Police 1728.les noms
de toutes les rues & leurs numéros
ont été pofés à chaque coin dans
tous les quartiers de Paris. Les Lan-
ternes ont été augmentées & con-
duites jufqu'au bout desfauxbourgs,
même au bas de Chaillot fur la route de la Cour, de forte qu'il n'y a

plus de rue fi étroite & fi détournée
qu'elle foit, qui ne foit éclairée : le
tout pour la commodité des Citoyens & des Etrangers qui ne peuvent plus s'égarer dans cette vafte
cité.

(d) Etabliffement d'une Garde
pour la fureté des ports compofée
d'un Commandant, quinze Brigadiers, quinze fous - Brigadiers, &
cent quatre-vingt-quinzeGardes fous
M. de Machaut, Lieutenant Géne-
ral de Police 1719.

(e) M. Turgot Préfident au Parlement, Prevôt des Marchands.

vinces, l'admiration des Etrangers , & l'étonne-
ment de fes propres Citoyens. Par lui la Seine
ornée de fuperbes rivages (a) fe voit récompen-
fée de l'abondance qu'elle apporte ; c'eft fur fes
bords que des Palais (b) furprenans & des (c)
Jardins délicieux nous offrent une magnificence
qui fait douter s'il y eut jamais de mifere réelle.
Les Arts font rétablis ; paffons aux plaifirs.

Quel fpectacle ! que vois-je !,... Eft-ce le Palais du Soleil, ou la demeure de l'Etre fuprême !

(a) Extention des Quays tant
dans la ville que fur le chemin de
la Cour. Elargiffement & aligne-
ment des rues, entretien des ponts,
Acqueducs , Fontaines , Pompes ,
Portes, Remparts, pavé , & tout ce
qui eft fur la Riviere eft de la Jurif-
diction de la Ville & du Prevôt des
Marchands. Porte S. Honoré abbatue en 1733. Porte de la Conféren-
ce abbatue en la même année parce
qu'elle bornoit la vue de la terraffe des
Thuilleries, & caufoit un embarras
de voitures qui devoient être vifi-
tées par les Commis d'entrées pour
les droits du Roi.

(b) Le Palais des Thuilleries commencé en 1564. par Catherine de
Medicis continué par Henri IV.
achevé par Louis XIV.

Le Louvre commencé par François I. continué par Henry II. &
Charles IX. augmenté confidéra-
blement par Louis XIII. & difcon-
tinué à fa mort 1642. repris par
Louis XIV. qui y fit élever trois

ailes. Le projet & l'execution admirable des deffeins du Château de
Verfailles ont fait abandonner la
continuation du Louvre.

Le Palais Bourbon & l'Hôtel de
Laffay conftruits par Louife-Françoi-
fe de Bourbon , Ducheffe doüairiere
de Bourbon-Condé. Tous ces Palais
font d'une architecture & d'un goût à
le difputer aux édifices de la moderne
Rome , furtout la façade du Louvre
qui eft le morceau le plus parfait
& le plus noble que nous ayons.
Elle eft de Louis Devau.

(c) Le Jardin des Thuilleries commencé en 1600. par Henri IV. fur
les deffeins de M. le Nautre fut joint
au Château par Louis XIV. en 1662.
C'eft le Jardin le plus régulier de
tous les Jardins de l'Europe , le plus
étendu pour fa régularité, car il con-
tient 360. toifes de long fur 68. de
large. Le tout faifant 67. arpens. Il
eft encore le plus brillant tant par
les parterres que par les morceaux
de Sculpture qui l'ornent.

H iij

Quelle pompe ! quelle harmonie ! (*a*) C'eſt ERATO
(*b*) qui préſide à mon temple. Quels enchantemens !
quels prodiges ! Les Arts tributaires des plaiſirs
les varient de décorations toujours nouvelles ; la
VOLUPTE' s'y couronne de ſes propres mains,
& préſente à tous ſa coupe enchantereſſe, & ſon
nectar qui fut toujours pernicieux à la vertu.
MELPOMENE déplore la mort de ſes Héros ;
la VICTOIRE exalte leurs exploits, la GLOIRE
en fait l'apothéoſe : & mille bouches chantent leur
immortalité & leur triomphe. Heureuſes ſi moins
fardées par les paſſions, elles touchoient par plus
de naturel & d'innocence.

Ici THALIE [*c*] ouvre ſes jeux dramatiques, &
par les traits toujours enjoués d'une fine critique
réjouit l'homme par l'homme même. Heureuſe
hélas ! ſi ne s'écartant jamais de ſon but, la cor-
rection des mœurs ſuivoit de près l'expoſition du
ridicule.

Là un APOLLON plus épuré [*d*] concerte des
accords pour chanter les louanges du Dieu im-

(*a*) L'Académie Royale de Muſique établie en 1673.
(*b*) Déeſſe qui préſide à l'harmonie lyrique..., Temple de la Paix,
Poëſie de Quinaut, Muſique de Lulli.
(*c*) La Comédie.
(*d*) Le Concert ſpirituel du Château des Thuilleries.

mortel [a], & monte fa lyre fur le ton de la pieté.
[b] Partout c'eft le fafte & la magnificence, di_
gnes fruits de l'abondance & du repos qui rele_
vent l'Etat, & augmentent fa fplendeur & fa force.

Mais quoi! d'injuftes reproches viennent ici m'interrompre? Eft-ce-là, difent mes ennemis, eft-ce-
là cette Souveraine qui fe vante de rendre les
hommes heureux? Voyez comme, fous le fpecieux
phantôme du bonheur, elle les livre à toutes les
paffions. L'oifiveté fut la mere des vices: eft-il de
grands hommes dans fes bras? L'héroïfme eft amol-
li par fa VOLUPTE', la valeur énervée par fa
moleffe; le HEROS qui fuit la gloire des armes,
court fe deshonnorer chez OMPHALE. Non- la
PAIX n'eft digne de regner que fur des cœurs
efféminés.

Taifez-vous, injufte critique: refpectez la fille
du ciel. Apprenez que la PAIX eft la mere des
vertus: en doutez-vous? Faut-il vous confondre?
Suivez-moi dans les tentes guerrieres: vous allez
me voir triompher de moi-même, me dérober à
mes délices, rompre le charme des plaifirs dont

(a) *Cantabo & pfalmum dicam Do-* | (b) Motets facrés.
mino. Pfal. 26.

l'abus feul eſt pernicieux. Suivez-moi : je vole dans le camp [a] où pour entretenir la valeur de mes guerriers, & apprendre à mes enfans l'art de punir la diſcorde quand elle oſera reparoître, je retrace à leurs yeux l'image de la guerre. Ce ſont des campemens & des feintes attaques : image que mon cœur ne rappelle qu'à regret. Art funeſte que j'abhorre, & que mon ennemie me force d'apprendre ; mais contente d'avoir montré la ſcience & l'adreſſe des armes, j'en ſuſpens auſſi-tôt la fureur, j'en dépouille la cruauté, j'y ſubſtitue les plaiſirs & les jeux, & R E I N E -P A C I. F I Q U E, je regne ainſi ſur tous les appareils de la guerre.

Ne croyez pas que la frayeur ſaiſiſſe mes ſujets ? Non : ma préſence les raſſure, & adoucit le regard terrible du ſoldat. Bientôt je le déſarme, & l'occupe non à des tranchées & des lignes, mais à creuſer des canaux utiles [b]. Si je détourne le cours des rivieres ce n'eſt que pour unir la com-

(a) Camp de Porchefontaine près Verſailles pour l'inſtruction du Roi. On avoit conſtruit un fort de terre près le Village de Montreüil qui fut bloqué & attaqué dans toutes les regles de l'art militaire en Septembre 1722.

(b) Les Canaux de Languedoc, de Briare, de Picardie.

modité

modité & l'abondance. Vous avez admiré la beauté de mon camp : portez vos regards dans les campagnes ; y reconnoiſſez-vous les traces de la barbarie & du ravage ? Parcourez tout : vous ne trou-
verez plus de champ inculte [a], ni de cabane
déſolée ; j'ai tout reparé [b]. Remarqués l'épi ferti-
le qui plie ſous le poids de ſa fécondité, & offre
ſa tête à la faulx qui le moiſſonne. Voyez ces
troupeaux nombreux qui ſe répandent dans les
prairies, & leurs conducteurs qui deſcendent des
rochers où la guerre les avoit obligés de chercher
un azile. Regardez la BREBIS qui paît avec le
LOUP (c), la COLOMBE avec le FAUCON, le
FAON avec le TYGRE, & le JEUNE ENFANT
qui ſans crainte ſe mêle parmi eux, eſt comme le
gage de leur réconciliation.

Contemplez les Bergeries : prêtez l'oreille aux
concerts champêtres. Quels ſons ! quels raviſſe-
méns ! Le flageolet, la flutte, le chalumeau, le

(a) *Terra inculta, facta eſt ut hortus voluptatis, civitates deſerta & deſtituta & ſufoſſa, munita ſede-runt.* Ezech. 36.
(b) *Ædificavi diſſipata, planta-vique inculta* Ibid.

(c) *Habitabit Lupus cum Agno, Pardus cum Hœdo, acubabitur Vi-tulus & Leo, & Ovis ſimul mora-buntur, & puer parvulus minabit eos.* Iſay. 11.

I

tambourin infpirent l'innocence par la fimplicité
de leurs fons, & la nature qui chante par la bou-
che des Bergeres, ne vaut-elle pas ces fpectacles
merveilleux que l'art éleve dans les Villes avec
des frais immenfes. Voyez ce Berger, il a été foldat: fa férocité eft changée en douceur, s'il tou-
che tendrement la mufette, il fçait manier les armes, & il peut fervir la Patrie en tout tems. Exa-
minez ce peuple laborieux qui cultive affidument
la terre, & la force de reconnoître fes foins. Re-
marquez ce laboureur, ici il apprend l'agriculture
à fes enfans, & là il partage avec eux les fruits
de fon travail. Aprofondiffez l'excès de leur fatis-
faction intérieure, fans paffions & fans befoins,
fans défirs & fans intrigues, le calme de l'efprit,
la paix du cœur fe manifeftent par la férénité de
leur front, l'abondance les égaye par mille jeux.
Bientôt j'unis les familles par les nœuds de l'alliance, je conduis le chafte amour aux pieds des
Autels où je renoue les liens facrés que la difcorde avoit rompu. Dans peu la féconde hyménée
réparera les pertes de l'Etat, & lorfque des géné-
rations abondantes auront rendu mes peuples in-

nombrables (*a*), j'irai former de nouvelles Colonies (*b*) qui ne donneront d'autres bornes à leur
grandeur & à leur puiſſance que les bornes même
du monde.

Déja l'A m i t i e' (*c*) que j'ai établie pour me
répondre du repos des hommes, les lie à ſon tour,
& prépare leur bonheur dans une ſocieté mutuel-
le. Déja le Voyageur qui ne trouve plus d'obſta-
cles à ſa curioſité, paſſe tranquillement par des
nouveaux climats, vient s'inſtruire des mœurs des
différens peuples, & régler les ſiennes ſur les vertus qu'il y remarque. Bien reçu en tous lieux, les
agrémens qu'il trouve à parcourir la terre cette
patrie commune, l'éloignent pour un tems de
celle où il prit naiſſance : mais lorſque ſon retour
ira réjouir ſes compatriotes, il leur racontera les
merveilles (*d*) que j'ai fait en civiliſant les peuples. Quel agréable ſpectacle pour lui ! Quel heu-

(*a*) *Ego te augebo & multiplica-*
bo,& faciam te in turbas populorum
daboque tibi terram. Geneſ. 48.
  Advena & coloni mei eſtis. Levit.
25.
  (*b*) Les Colonies Françoiſes qui
fleuriſſent dans l'Amérique tant mé-
ridionale que ſeptentrionale ſont le
Canada ou la Nouvelle France dé-

couverte en 1504. augmentée en
1604. la Louiſiane en 1678, l'Iſle
de Bourbon, le Miſſiſſipi augmenté
de nos jours ſous la minorité du Roi.
  (*c*) *Ego amicitiam copulavi.* Eccli.
37.
  (*d*) *Narrantes laudes Domini, &*
virtutes ejus, & mirabilia ejus qua
fecit. Pſal. 77.

I ij

reux jour pour moi ! Partout on aime la P A I X ;
on bénit la P A I X (a), on chante la P A I X, dans
les Villes, dans les campagnes, je fuis l'objet des
uns & des autres concerts, mais la naïveté des
chanfons de P A N me les fera toujours préférer
aux fçavans accords d'O R P H E'E.

C'eft pour goûter des douceurs fi pures, que le
Citoyen fort des Villes tumultueufes où les plaifirs
trop urbanifés deviennent fades & infipides. Ceux
que j'offre dans les champs n'ont rien d'efféminé ;
ils ne corrompent point les mœurs, ils nourriffent
la force, & entretiennent la fanté par des exerci-
ces utiles. Tantôt c'eft la CHASSE autre IMAGE de
la GUERRE qui en exerce le Heros ; tantôt c'eft
la PESCHE, qui par les innocentes perfidies de l'a-
meçon remplit fes filets. Enfin, c'eft la pureté &
l'innocence des mœurs, fources des vraïs plaifirs &
des vraïs biens qui ramenent le fiécle d'or, & qui
dreffent les trophées pacifiques de ma victoire.

Mais parmi tant de bienfaits que je prodigue,
dans le concours de tant de vertus qui relevent
mon triomphe ; la JUSTICE qui eft ma SOEUR
fera-t'elle la feule qui n'y aura point de part. C'eft

(a) Benedictus in civitate, benedictus in agro. Deut. 38.

à vous qu'est confié le soin de sa gloire : MINIS-
TRES DE THEMIS, je vous remets votre REYNE;
faites-là régner souverainement sur tous les cœurs.
Que de majesté dans son air, que de gravité dans
ses démarches, que de simplicité & de droiture
dans ses jugemens : Elle brille moins par sa pourpre que par ses vertus : LES LYS (a) où elle re-
pose en font le simbole, & son régne est celui des
vertus mêmes ; elle décore la RELIGION ; la
PIETE' (b) sincere à l'ombre de ses autels protegés,
rétablit son culte ; elle regle la POLITIQUE, elle
dirige la MORALE, elle dicte le DEVOIR; & par
l'exacte observation de ses loix, elle fait rentrer
tous les hommes dans les bornes de L'EQUITE'
naturelle. C'est elle qui assûre le repos du parti-
culier, (c) comme je veille à la tranquillité de
tous les peuples en general. Elle punit le crime
qu'elle étoit forcée de dissimuler dans des tems
de division & de troubles. L'appareil des suplices
qu'elle prépare aux coupables arrête les attentats ; la terreur de son glaive qui la fait respec-
ter par tout, (d) étend son CULTE, refrêne la

(a) *Pascitur inter lilia.* Cant.
cant. 2. (b) *Pax justitia, honor*
pietatis. Barr. c. 5.

(c) *Erit opus justitia pax.* Isay. 32.
(d) *Cultus justitia, silentium &*
securitas Ibid.

LICENCE & L'AUDACE. Et enfin toutes ſes démarches (a) n'ont raport qu'à moi. Secondés de
ſi nobles efforts, ou plûtôt continués d'affermir ſon
régne.

DISPENSATEURS de ſes decrets, INTERPRETES
de ſes oracles, ARBITRES de la fortune des hommes, armés-vous d'un ſaint zéle ; expulſés de ſon
ſanctuaire les émiſſaires de la Diſcorde, extirpés la
CHICANE, ce vers qui ronge les familles. De-
maſqués-là ; vous reconnoîtrés la DISCORDE
traveſtie ſous ſes habits pour troubler le repos du
Citoyen : C'eſt elle dont le ſoufle empeſté allume
la diviſion, enfante la haine, éterniſe le procès,
& perpetuë l'inimitié & la vengeance de génération en génération. C'eſt elle qui par cent dé-
tours ſubtils apauvrit l'orphelin, dépoüille la veu-
ve, & qui par ſes longueurs deſeſperantes, conſu-
me enfin le patrimoine du foible.

Dignes Miniſtres de THEMIS, ajoûtés s'il ſe
peut à votre amour pour elle ; ſacrifiés-lui ce monſ-
tre qui cherche à la deshonorer en ſe gliſſant dans
ſon temple même. Défendés-en l'entrée aux pro-

(a) *Omnes ſemita illius pacificæ.* Prov. 3.

fânes, ouvrés-en les portes, les juftes feuls y entreront. (*a*) C'eft la PAIX qui vous y exhorte ; la JUSTICE eft ma fœur ; notre gloire eft commune ; & mes foins les plus empreffés font d'affermir fon trône. Charmés de fa beauté, & jaloux de fon honneur, recüeillés avec empreffement fes décifions équitables, (*b*) rendés-les toûjours avec la même dignité aux peuples qui les attendent, & rapportés-lui en échange les vœux & les hommages de tous les hommes dont elle fait le bonheur, en affûrant la fortune.

Que manque-t-il encore à la felicité publique? La PAIX aidée de la JUSTICE a affermi le repos du monde. MONARQUE du plus floriffant des Empires, c'eft à vous à nous préparer un long régne, (*c*) & nous rendrons le votre glorieux à jamais. Diffipés les nations qui veulent la guerre, (*d*) ne prêtés l'oreille qu'aux propofitions des peuples pacifiques : Par nous, vous ferez conftamment l'amour de vos fujets, l'admiration des étrangers, la gloire des bons, la terreur des méchans, &

(*a*) *Aperite portas juftitia , jufti intrabunt.* Pfal. 117.
(*b*) *Verbum pacis & juftitia.* Eccli. 5.
(*c*) *Et nos vobifcum regnemus.* 1. Cor. 4.
(*d*) *Diffipa gentes quæ bella volunt ; venient legati.* Pfal. 67.

l'arbitre de l'Univers entier.

Envieux de ma gloire disparoisſés donc (a), l'é-
quité de Louis me l'aſſûre. Hommes de ſang éloi-
gnés-vous de moi. (b) Et toi Discorde qui les
anime va régner ſur ces peuples barbares que tu
t'es ſoumis. Ils étoient mes ſujets par la nature ; tu
les a ſubornés par tes ſéductions : S'ils ceſſoient de
ſuivre tes loix, ils ceſſeroient d'être barbares ; mais
ils ſont dignes de leur aveuglement, puiſqu'ils l'aiment. Acheve de les aveugler (c) ſans retour :
Empêche-les de voir l'éclat de mes vertus, de crainte qu'ils ne s'y rendent. C'en eſt fait, je les ſépare
du reſte de l'humanité (d). Je te livre ces hommes ſans vertus ; promene-les d'erreur en erreur,
d'égarement en égarement (e) ; abreuve-les de
leur propre ſang (f), que leur fureur réciproque-
que, après avoir tout détruit, ſe tourne contre elle-même (g) ; & qu'enfin pour les punir de t'avoir

(a) *Tacete. .... Facta eſt negotia-*
tio gentium. Iſay. 23. 2.
(b) *Viri ſanguinum declinate à*
me. Pſal. 138.
(c) *Excæca cor populi hujus &*
aures ejus claude, ne forte videat
oculis ſuis, & auribus ſuis audiat,
& corde ſuo intelligat, & converta-
tur & ſanem eum. Iſay. 6.
(d) *Deleantur de libro viventium,*

& cum juſtis non ſcribantur. Pſal.
68.
(e) *Appone iniquitatem ſuper*
iniquitatem eorum. Pſal. 68.
(f) *Gladius autem eorum intret*
in corda ipſorum, & arcus eorum
confringatur. Pſal. 36.
(g) *Effunde ſuper eos iram tuam,*
& furor iræ tuæ comprehendat eos.
Pſal. 68.

connuë,

connuë, le ciel, la terre, les animaux, & les hommes concourent à leur ravir la vie & le repos qu'ils ont troublé.

Mais vous CERES revenés ; c'eſt la PAIX qui vous rappelle, revenés prodiguer vos préſens aux mortels. Ne craignés plus le ravage de vos campagnes. Revenés, FLORE, couronnés-vous de fleurs nouvelles ; ne craignés plus de voir fouler vos jardins & vos parfums. Ramenés nous ZEPHIR dont vous captivés la tendreſſe. Revenés, POMONE, étalés nous vos fruits précieux, ne craignés plus de voir piller vos vergers. La Diſcorde & la Guerre ſont éxilées pour toûjours. Revenés; vous ferés l'ornement de nos champs, vous n'y eſſuyerés plus d'outrages, vous n'y verrés plus d'appareil menaçant, vous n'y entendrés plus de bruit éfrayant, vous n'y verrés plus vos troncs & vos arbres ſervir à des trophées, & plier ſoûs le poids des armes. Les vapeurs du ſoufre, & la pouſſiere des combats n'obſcurciront plus vos jours ſereins. Le PRINTEMS dont la jeuneſſe eſt éternelle, va s'unir avec vous ; la TOURTERELLE a fait entendre ſa voix, (a) & PHILOMELE qui lui répond, fait avec elle

_____

(a) *Vox turturis audita eſt.* Cant. cant. 2.

K

un dialogue de tendreſſe qui charme tous ſes malheurs. Le ſoldat redevenu berger, a quitté l'épée
& repris la houlette; il va vous conſacrer ſes ſoins
& ſes travaux. La muſette a fait taire le canon; le
hautbois a impoſé ſilence au tambour; & les chants
des bergeres ont diſſipé les cris & les allarmes. Hâtés vous donc de revenir : Couronnés moi de vos
fleurs (a) & de vos fruits, mon amour pour vous
le mérite. Revenés, vous verrés la chaſte Hymenée rétablie dans ſes droits; la tendre amitié re-
miſe en honneur, lier la ſocieté, bannir la méfiance, & acrediter la vertu ſous mes auſpices.

PEUPLES, c'eſt trop long-tems retenir vos tranſ-
ports; livrés vous y enfin; ma preſence les autho-
riſe. Le lieu où vous êtes eſt ſacré; (b) c'eſt ici
qu'étoient les geans; (c) ici que ſont tombés (d)
ces ennemis des cieux, qui ne ſe glorifioient que
dans leur force : Ici le Seigneur a briſé la puiſſance
de leurs arcs, (e) leur glaive, leur bouclier, &
la guerre. C'eſt ſur ces ruines terribles que j'ay

(a.) *Dulcite me floribus ſtipate*
me malis quia amore langueo. Cant.
cant. 2.

(b) *Locus in quo ſtas ſanctus eſt.*
Joſu. 5.

(c) *Ibi fuerunt gigantes ſcientes*

bellum. Bar. 3.

(d) *Ibi ceciderunt qui operantur*
iniquitatem. Pſal. 35.

(e) *Ibi confregit potentias ar-*
cuum, ſcutum, gladium, & bellum.
Pſal. 75.

élevé les fondemens de mon temple ; je l'ay orné
des dépoüilles des vaincus. Admirés sa magnificence ; mille boucliers pendent (*a*) aux colomnes ;
c'eft l'armure des guerriers ; ce font des trophées
que j'ay ravis à mon ennemie. Entrés dans mon
fanctuaire, il eft commun à la JUSTICE & à la
PAIX ; même temple, même autel : Et fi la Difcorde nous avoit féparées, la Sageffe nous a réu-
nies fur le même TRÔNE. Les Vertus dans tout leur
éclat compofent notre Cour ; nous y régnons
avec elles, nous y formons les vrays Heros, nous
y élevons les vrays Sages, nous y récompenfons
le vray merite, & nous y profcrivons le faux honneur, qui ne demande qu'à s'abreuver du plus pur
fang de l'Etat.

Venés vous dans un efprit pacifique ? (*b*) Ap-
prenés de moi que je fuis la douceur & la clemence même. (*c*) J'abhorre le fang ; offrés-nous des
facrifices purs ; immolés-nous l'hoftie des pacifiques, (*d*) qu'elle foit fur votre cœur pour en mo-

---

(a) *Mille clipei pendent exea,*
& omnis armatura fortium. Cant.
cant. 4.

(b) *Pacificus ne ingreffus tuus.*
3. Reg. 2.

(c) *Difcite à me quia mitis fum.*
Math. 11.

(d) *Offeretis de hoftia pacifico-*
rum. Levit. 3.

dérer l'emportement & la colére ; (a) qu'elle soit sur votre bras pour en arrêter la fureur & les coups : Et alors plein de confiance, approchés ; presentés, nous des vœux & des offrandes ; formés des désirs, nous les comblerons. Nous avons fait cesser toutes les miseres ; nous préviendrons tous les besoins ; & riches pour tous ceux qui nous invoquent, (b) nul mortel ne sortira de ce temple sans en rapporter des marques de nos bienfaits.

PEUPLES, c'est aujourd'huy, & maintenant que j'allume les feux qui doivent éclairer mon TRIOMPHE : Rien n'égale ma gloire, mille & mille voix font retentir les airs de mes loüanges : Animés du même transport, allés l'annoncer à toutes les nations : (c) Et par tout où vous trouverés des enfans de PAIX, (d) dites leur : *Venés & voyés les prodiges que le Seigneur a fait sur la terre ; il a banni la Guerre, brisé les arcs, rompu les épées & brûlé les boucliers.* (e)

(a) *Pone me ut signaculum super cor tuum, ut signaculum super brachium tuum.* Cant. cant. 8.

(b) *Dives in omnes qui invocant illum.* Rom. 10.

(c) *Vade & annuntia populo.* 4. Eldr. 6.

(d) *Et si ibi fuerit filius pacis.* Luc. 10.

(e) *Venite & videte opera Domini quæ posuit prodigia super terram auferens bella usque ad finem terræ . . arcum conteret, confringet arma & scuta comburet igni.* Psal 45.

FIN.

www.ingramcontent.com/pod-product-compliance
Lightning Source LLC
Chambersburg PA
CBHW070909280326
41934CB00008B/1641